DISCOURS

SUR LES

AVANTAGES

DES SCIENCES
ET DES ARTS,

Prononcé dans l'Assemblée publique de
l'Académie des Sciences & Belles-
Lettres de Lyon, le 22 Juin 1751.

AVEC

LA RÉPONSE
DE JEAN J. ROUSSEAU,
CITOYEN DE GENEVE.

A GENEVE,

Chez BARILLOT & fils.

M. DCC. LII.

DISCOURS

SUR LES

AVANTAGES

DES SCIENCES ET DES ARTS.

Prononcé dans l'Assemblée publique de l'Académie des Sciences & Belles-Lettres de Lyon, le 22 Juin 1751.

ON est désabusé depuis long-tems de la chimere de l'âge d'or : partout la Barbarie a précédé l'établissement des Sociétés ; c'est une vérité prouvée par les annales de tous les Peuples. Partout les besoins & les

A

crimes forcerent les hommes à se réunir, à s'impofer des loix, à s'enfermer dans des remparts. Les premiers Dieux & les premiers Rois furent des bienfaiteurs ou des tyrans; la reconnoiffance & la crainte éleverent les Trônes & les Autels. La fuperftition & le defpotifme vinrent alors couvrir la face de la terre: de nouveaux malheurs, de nouveaux crimes fuccéderent, les révolutions fe multiplierent.

A travers ce vafte fpectacle des paffions & des miferes des hommes, nous appercevons à peine quelques contrées plus fages & plus heureufes. Tandis que la plus grande partie du monde étoit inconnue, que l'Europe étoit fauvage, & l'Afie efclave, la Gréce penfa, & s'éleva par l'efprit à tout ce qui peut rendre un peuple recommandable : Des Philofophes formerent ſes mœurs & lui donnerent des loix.

Si l'on refuſe d'ajoûter foi aux traditions qui nous diſent que les Orphée & les Amphion attirerent les hommes du fond des forêts par la douceur de leurs chants, on eſt forcé, par l'hiſtoire, de convenir que cette heureuſe révolution eſt due aux Arts utiles & aux Sciences. Quels hommes étoient-ce que ces premiers Légiſlateurs de la Gréce ? Peut-on nier qu'ils ne fuſſent les plus vertueux & les plus ſçavans de leur ſiécle ? Ils avoient acquis tout ce que l'étude & la réflexion peuvent donner de lumiere à l'eſprit, & ils y avoient joint les ſecours de l'expérience par les voyages qu'ils avoient entrepris en Créte, en Egypte, chez toutes les Nations où ils avoient crû trouver à s'inſtruire.

Tandis qu'ils établiſſoient leurs divers ſyſtêmes de politique, par qui
les paſſions particulieres devenoient
le plus ſûr inſtrument au bien public,
& qui faiſoient germer la vertu du
ſein même de l'amour propre ; d'autres Philoſophes écrivoient ſur la morale, remontoient aux premiers principes des choſes, obſervoient la nature & ſes effets. La gloire de l'eſprit
& celle des armes avançoient d'un
pas égal ; les ſages & les héros naiſ-
ſoient en foule ; à côté des Miltiade
& des Thémiſtocle, on trouvoit les
Ariſtide & les Socrate. La ſuperbe
Aſie vit briſer ſes forces innombrables, contre une poignée d'hommes, que la Philoſophie conduiſoit
à la gloire. Tel eſt l'infaillible effet
des connoiſſances de l'eſprit : les
mœurs & les loix ſont la ſeule ſource
du véritable héroïſme. En un mot la

Gréce dut tout aux fciences , & le refte du monde dut tout à la Gréce.

Oppofera-t'on à ce brillant tableau les mœurs groffieres des Perfes & des Scithes ? J'admirerai, fi l'on veut, des Peuples qui paffent leur vie à la guerre ou dans les bois, qui couchent fur la terre, & vivent de légumes. Mais eft-ce parmi eux qu'on ira chercher le bonheur ? Quel fpectacle nous préfenteroit le genre humain, compofé uniquement de Laboureurs, de Soldats , de Chaffeurs & de Bergers? Faut-il donc, pour être digne du nom d'homme, vivre comme les lions & les ours ? Erigera-t'on en vertus, les facultés de l'inftinct pour fe nourrir , fe perpétuer & fe défendre ? Je ne vois là que des vertus *animales*, peu conformes à la dignité de notre être ; le corps eft exercé, mais l'ame efclave ne fait que ramper & languir.

Les Perfes n'eurent pas plutôt fait la conquête de l'Afie, qu'ils perdirent leurs mœurs; les Scithes dégénérèrent aufli, quoique plus tard : des vertus fi fauvages font trop contraires à l'humanité, pour être durables; fe priver de tout & ne defirer rien, eft un état trop violent; une ignorance fi groffiere ne fçauroit être qu'un état de paffage. Il n'y a que la ftupidité & la mifere qui puiffe y affujettir les hommes.

Sparte, ce phénoméne politique, cette république de foldats vertueux, eft le feul peuple qui ait eu la gloire d'être pauvre par inftitution & par choix. Ses loix fi admirées avoient pourtant de grands défauts. La dureté des maîtres & des peres, l'expofition des enfans, le vol autorifé, la pudeur violée dans l'éducation & les mariages, une oifiveté éternelle, les exercices du corps recommandés uniquement, ceux de l'esprit proscrits & méprisés, l'austérité & la férocité des mœurs qui en étoient la suite, & qui aliénerent bientôt tous les alliés de la république, sont déja d'assez justes reproches : peut-être ne se borneroient-ils pas là, si les particularités de son histoire intérieure nous étoient mieux connues. Elle se fit une vertu artificielle en se privant de l'usage de l'or; mais que devenoient les vertus de ses Citoyens, sitôt qu'ils s'éloignoient de leur patrie ? Lysandre & Pausanias n'en furent que plus aisés à corrompre. Cette Nation qui ne respiroit que la guerre, s'est-elle fait une gloire plus grande dans les armes que sa rivale, qui avoit réuni toutes les sortes de gloire ? Athénes ne fut pas moins guerriere que Sparte; elle fut de plus sçavante, ingénieuse & ma-

A iv

gnifique ; elle enfanta tous les arts &
tous les talens ; & dans le fein même
de la corruption qu'on lui reproche,
elle donna le jour au plus fage des
Grecs. Après avoir été plufieurs fois
fur le point de vaincre, elle fut vaincue, il eft vrai ; & il eft furprenant
qu'elle ne l'eût pas été plutôt, puifque l'Attique étoit un pays tout ouvert, & qui ne pouvoit fe défendre
que par une très-grande fupériorité
de fuccès. La gloire des Lacédémo-
niens fut peu folide ; la profpérité
corrompit leurs inftitutions, trop bi-
farres pour pouvoir fe conferver long-
tems ; la fiere Sparte perdit fes mœurs
comme la fçavante Athénes. Elle ne
fit plus rien depuis qui fût digne de
fa réputation : & tandis que les Athéniens & plufieurs autres Villes lut-
toient contre la Macédoine pour la
liberté de la Gréce, Sparte feule lan-

guisſoit dans le repos , & voyoit pré-
parer de loin ſa deſtruction , ſans ſon-
ger à la prévenir.

Mais enfin je ſuppoſe que tous les
états dont la Gréce étoit compoſée ,
euſſent ſuivi les mêmes loix que
Sparte , que nous reſteroit-il de cette
contrée ſi célébre? à peine ſon nom
ſeroit parvenu juſqu'à nous. Elle auroit dédaigné de former des hiſtoriens , pour tranſmettre ſa gloire à la
poſtérité ; le ſpectacle de ſes farouches vertus eût été perdu pour nous ,
il nous ſeroit indifférent par conſéquent qu'elles euſſent exiſté ou non.
Ces nombreux ſyſtêmes de Philoſophie qui ont épuiſé toutes les combinaiſons poſſibles de nos idées , &
qui, s'ils n'ont pas étendu beaucoup
les limites de notre eſprit , nous ont
appris du moins où elles étoient fixées ; ces chefs-d'œuvres d'éloquen-

ce & de poësie qui nous ont enseigné
toutes les routes du cœur ; les Arts
utiles ou agréables, qui conservent
ou embellissent la vie ; enfin l'inestimable tradition des pensées & des
actions de tous les grands hommes,
qui ont fait la gloire ou le bonheur de
leurs pareils : toutes ces précieuses
richesses de l'esprit eussent été perdues pour jamais. Les siécles se seroient accumulés , les générations
des hommes se feroient succédé comme celles des animaux, sans aucun
fruit pour leur postérité , & n'auroient
laissé après elles qu'un souvenir confus de leur existence ; le monde auroit vieilli , & les hommes feroient
demeurés dans une enfance éternelle.

Que prétendent enfin les ennemis
de la science ? Quoi ! le don de penser
feroit un présent funeste de la divi-

nité ? les connoiſſances & les mœurs
feroient incompatibles ? la vertu feroit un vain phantôme produit par un
inſtinct aveugle ? & le flambeau de la
raiſon la feroit évanoüir, en voulant
l'éclaircir ? Quelle étrange idée vou-
droit-on nous donner & de la raiſon
& de la vertu ?

Comment prouve-t'on de ſi biſar-
res paradoxes ? On objecte que les
Sciences & les Arts ont porté un coup
mortel aux mœurs anciennes, aux
inſtitutions primitives des états ; on
cite pour exemple Athénes & Rome.
Euripide & Demoſthene ont vû
Athénes livrée aux Spartiates & aux
Macédoniens ; Horace, Virgile &
Ciceron ont été contemporains de la
ruine de la liberté Romaine ; les uns
& les autres ont été témoins des malheurs de leur Pays ; ils en ont donc
été la cauſe. Conſéquence peu fon-

dée, puifqu'on en pourroit dire autant de Socrate & de Caton.

En accordant que l'altération des Loix & la corruption des mœurs ayent beaucoup influé fur ces grands événemens, me forcera-t'on de convenir que les Sciences & les Arts y ayent contribué? La corruption fuit de près la profpérité, les fciences font pour l'ordinaire leurs plus rapides progrès dans le même tems : des chofes fi diverfes peuvent naître enfemble & fe rencontrer, mais c'eft fans aucune relation entr'elles de caufe & d'effet.

Athénes & Rome étoient petites & pauvres dans leurs commencemens, tous leurs Cytoiens étoient Soldats, toutes leurs vertus étoient néceffaires, les occafions même de corrompre leurs mœurs n'exiftoient pas. Peu après elles acquirent des richeffes &

de la puissance. Une partie des Citoyens ne fut plus employée à la guerre ; on apprit à jouir & à penser. Dans le sein de leur opulence ou de leur loisir, les uns perfectionnerent lé luxe, qui fait la plus ordinaire occupation des gens heureux ; d'autres ayant reçû de la nature de plus favorables dispositions, étendirent les limites de l'esprit, & créerent une gloire nouvelle.

Ainsi tandis que les uns, par le spectacle des richesses & des voluptés, prophanoient les Loix & les mœurs; les autres allumoient le flambeau de la Philosophie & des Arts, instruisoient ou célébroient les vertus; & donnoient naissance à ces noms si chers aux gens qui sçavent penser, l'atticisme & l'urbanité. Des occupations si opposées peuvent-elles donc mériter les mêmes qualifications ?

pouvoient-elles produire les mêmes effets?

Je ne nierai pas que la corruption générale ne se soit répandue quelquefois sur les lettres, & qu'elle n'ait produit des excès dangereux; mais doit-on confondre la noble destination des sciences avec l'abus criminel qu'on en a pû faire? Mettrat'on dans la balance quelques épigrammes de Catulle ou de Martial, contre les nombreux volumes philosophiques, politiques & moraux de Ciceron, contre le sage Poëme de Virgile?

Dailleurs les ouvrages licentieux sont ordinairement le fruit de l'imagination, & non celui de la science & du travail. Les hommes dans tous les tems & dans tous les Pays ont eû des passions; ils les ont chantées. La France avoit des Romanciers

& des Troubadours, long-tems avant qu'elle eût des Sçavans & des Philosophes. En suppofant donc que les Sciences & les Arts euffent été étouffés dans leur berceau, toutes les idées infpirées par les paffions n'en auroient pas moins été réalifées en Profe & en Vers; avec cette différence, que nous aurions eû de moins tout ce que les Philofophes, les Poëtes & les Hiftoriens ont fait pour nous plaire ou pour nous inftruire.

Athénes fut enfin forcée de céder à la fortune de la Macédoine; mais elle ne céda qu'avec l'univers. C'étoit un torrent rapide qui entraînoit tout; & c'eft perdre le tems que de chercher des caufes particulieres, où l'on voit une force fupérieure fi marquée.

Rome, maîtreffe du monde, ne trouvoit plus d'ennemis; il s'en forma dans fon fein. Sa grandeur fit fa perte. Les Loix d'une petite Ville n'étoient pas faites pour gouverner le monde entier : elles avoient pû suffire contre les factions des Manlius, des Cassius & des Gracques : elles succomberent sous les Armées de Silla, de César & d'Octave ; Rome perdit sa liberté, mais elle conserva sa puissance. Opprimée par les Soldats qu'elle payoit, elle étoit encore la terreur des Nations. Ses tyrans étoient tour à tour déclarés peres de la patrie & massacrés. Un monstre indigne du nom d'homme se faisoit proclamer Empereur ; & l'Auguste Corps du Sénat n'avoit plus d'autres fonctions que celle de le mettre au rang des Dieux. Etranges alternatives d'esclavage & de tyrannie, mais telles qu'on les a vûes dans tous les états où la milice disposoit du trône. Enfin de nombreuses irruptions des Barbares vinrent

vinrent renverfer & fouler aux pieds ce vieux coloffe ébranlé de toutes parts ; & de fes débris fe formerent tous les empires qui ont fubfifté depuis.

Ces fanglantes révolutions ont-elles donc quelque chofe de commun avec les progrès des lettres ? partout je vois des caufes purement politiques. Si Rome eut encore quelques beaux jours, ce fut fous des Empereurs Philofophes. Seneque a-t'il donc été le corrupteur de Néron? eft-ce l'étude de la Philofophie & des Arts qui fit autant de monftres, des Caligula, des Domitien, des Heliogabale? Les lettres qui s'étoient élevées avec la gloire de Rome, ne tomberent-elles pas fous ces régnes cruels? Elles s'affoiblirent ainfi par dégrés avec le vafte empire, auquel la deftinée du monde fembloit être attachée. Leurs ruines furent communes, & l'ignorance envahit l'univers une feconde fois, avec la Barbarie & la fervitude, fes compagnes fidéles.

Difons donc que les Mufes aiment la liberté, la gloire & le bonheur. Partout je les vois prodiguer leurs bienfaits fur les Nations, au moment où elles font le plus floriffantes. Elles n'ont plus redouté les glaces de la Ruffie, fitôt qu'elles ont été attirées dans ce puiffant Empire par le Héros fingulier, qui en a été pour ainfi dire le créateur : le Légiflateur de Berlin, le conquérant de la Silefie, les fixe aujourd'hui dans le Nord de l'Allemagne, qu'elles font retentir de leurs chants.

S'il eft arrivé quelquefois que la gloire des Empires n'a pas furvêcu long-tems à celle des lettres, c'eft

qu'elle étoit à fon comble , lorfque
les lettres ont été cultivées , & que
le fort des chofes humaines eft de ne
pas durer long-tems dans le même
état. Mais bien loin que les fciences
y contribuent , elles périffent infailliblement frappées des mêmes coups,
en forte que l'on peut obferver que
les progrès des lettres & leur déclin
font ordinairement dans une jufte proportion avec la fortune & l'abbaiffe-
ment des Empires.

Cette vérité fe confirme encore
par l'expérience des derniers tems.
L'efprit humain après une éclipfe de
plufieurs fiécles , fembla s'éveiller
d'un profond fommeil. On fouilla dans
les cendres antiques , & le feu facré
fe ralluma de toutes parts. Nous devons encore aux Grecs cette feconde
génération des fciences. Mais dans
quel tems reprirent-elles cette nou-

velle vie ? ce fut lorsque l'Europe,
après tant de convulsions violentes,
eut enfin pris une position assurée, &
une forme plus heureuse.

Ici se développe un nouvel ordre
de choses. Il ne s'agit plus de ces petits Royaumes domestiques, renfer-
més dans l'enceinte d'une Ville; de
ces Peuples condamnés à combattre
pour leurs héritages & leurs maisons,
tremblans sans cesse pour une patrie
toujours prête à leur échapper : C'est
une Monarchie vaste & puissante,
combinée dans toutes ses parties par
une législation profonde. Tandis que
cent mille soldats combattent gaye-
ment pour la sureté de l'état, vingt
millions de Citoyens heureux & tran-
quilles, occupés à sa prospérité intérieure, cultivent sans allarmes les im-
menses campagnes, font fleurir les
Loix, le commerce, les Arts & les

Lettres dans l'enceinte des Villes :
toutes les profeſſions diverſes , appli-
quées uniquement à leur objet, ſont
maintenues dans un juſte équilibre,
& dirigées au bien général par la main
puiſſante qui les conduit & les anime.
Telle eſt la foible image du beau ré-
gne de Louis XIV, & de celui ſous lequel nous avons le bonheur de vivre: la
France riche, guerriere & ſçavante,
eſt devenue le modéle & l'arbitre de
l'Europe ; elle ſçait vaincre & chan-
ter ſes victoires : ſes Philoſophes me-
ſurent la Terre , & ſon Roi la pa-
cifie.

Qui oſera ſoutenir que le courage
des François ait dégénéré depuis
qu'ils ont cultivé les Lettres ? Dans
quel ſiécle a-t'il éclaté plus glorieuſe-
ment qu'à Montalban , Lawfelt, &
dans tant d'autres occaſions que je
pourrois citer ? Ont-ils jamais fait pa-

roître plus de conſtance que dans les
retraites de Prague & de Baviere ?
Qu'y a-t'il enfin de ſupérieur dans l'antiquité au ſiége de Bergopſoom , &
à ces braves grenadiers renouvellés
tant de fois , qui voloient avec ardeur
aux mêmes poſtes , où ils venoient
de voir foudroyer ou engloutir les
Héros qui les précédoient.

En vain veut-on nous perſuader
que le rétabliſſement des Sciences a
gâté les mœurs. On eſt d'abord obligé de convenir que les vices groſſiers
de nos ancêtres ſont preſqu'entiere-
ment proſcrits parmi nous.

C'eſt déja un grand avantage pour
la cauſe des Lettres, que cet aveu
qu'on eſt forcé de faire. En effet les
débauches , les querelles & les com-
bats qui en étoient les ſuites , les violences des Grands , la tyrannie des
peres , la biſarrerie de la vieilleſſe ,

les égaremens impétueux des jeunes
gens, tous ces excès fi communs au-
trefois, funeftes effets de l'ignorance
& de l'oifiveté, n'exiftent plus depuis
que nos mœurs ont été adoucies par
les connoiffances dont tous les efprits
font occupés ou amufés.

On nous reproche des vices rafi-
nés & délicats ; c'eft que partout où
il y a des hommes, il y aura des vices. Mais les voiles ou la parure dont
ils fe couvrent, font du moins l'aveu
de leur honte, & un témoignage du
refpect public pour la vertu.

S'il y a des modes de folie, de ridicule & de corruption, elles ne fe
trouvent que dans la Capitale feulement, & ce n'eft même que dans un
tourbillon d'hommes perdus par les
richeffes & l'oifiveté. Les Provinces
entieres & la plus grande partie de
Paris, ignorent ces excès, ou ne les

connoiſſent que de nom. Jugera-t'on toute la Nation ſur les travers d'un petit nombre d'hommes? Des écrits ingénieux réclament cependant contre ces abus ; la corruption ne jouit de ſes prétendus ſuccès que dans des têtes ignorantes ; les Sciences & les Lettres ne ceſſent point de dépoſer contre elle ; la morale la démaſque , la Philoſophie humilie ſes petits triomphes ; la Comedie , la Satyre , l'Epigrame la percent de mille traits.

Les bons Livres ſont la ſeule dé-fenſe des eſprits foibles , c'eſt-à-dire, de trois quarts des hommes , contre la contagion de l'exemple. Il n'appar-tient qu'à eux de conſerver fidélement le dépôt des mœurs. Nos excellens ouvrages de morale ſurvivront éter-nellement à ces brochures licentieu-ſes, qui diſparoiſſent rapidement avec le goût de mode qui les a fait naître.

C'eſt outrager injuſtement les Sciences & les Arts, que de leur imputer
ces productions honteuſes. L'eſprit
ſeul, échauffé par les paſſions, ſuffit
pour les enfanter. Les Sçavans, les
Philoſophes, les grands Orateurs &
les grands Poëtes, bien loin d'en être
les auteurs, les mépriſent, ou même
ignorent leur exiſtence ; il y a plus,
dans le nombre infini des grands Ecrivains en tout genre qui ont illuſtré
le dernier Regne, à peine en trouve-
t'on deux ou trois qui aient abuſé de
leurs talens. Quelle proportion entre
les reproches qu'on peut leur faire,
& les avantages immortels que le
genre humain a retiré des Sciences
cultivées ? Des Ecrivains, la plupart
obſcurs, ſe ſont jettés de nos jours
dans de plus grands excès ; heureuſe-
ment cette corruption a peu duré ;
elle paroît preſque entiérement étein-

te ou épuifée. Mais c'étoit une fuite
particuliére du goût léger & frivole
de notre Nation ; l'Angleterre & l'Italie n'ont point de femblables reproches à faire aux Lettres.

Je pourrois me difpenfer de parler
du luxe , puifqu'il naît immédiate-
ment des richeffes, & non des Sciences & des Arts. Et quel rapport peut
avoir avec les Lettres le luxe du fafte
& de la molleffe , qui eft le feul que
la morale puiffe condamner ou ref-
traindre ?

Il eft, à la verité , une forte de luxe
ingénieux & fçavant qui anime les
Arts & les éleve à la perfection. C'eft
lui qui multiplie les productions de
la Peinture, de la Sculpture & de la
Mufique. Les chofes les plus loua-
bles en-elles mêmes doivent avoir
leurs bornes ; & une Nation feroit
juftement méprifée , qui , pour aug-

menter le nombre des Peintres & des Muſiciens , ſe laiſſeroit manquer de Laboureurs & de Soldats. Mais lorſque les armées ſont complettes , & la terre cultivée, à quoi employer le loiſir du reſte des Citoyens ? je ne vois pas pourquoi ils ne pourroient pas ſe donner des Tableaux , des Statues & des Spectacles.

Vouloir rappeller les grands Etats aux petites vertus des petites Républiques , c'eſt vouloir contraindre un homme fort & robuſte à bégayer dans un berceau ; c'étoit la folie de Caton: avec l'humeur & les préjugés héréditaires dans ſa famille , il déclama toute ſa vie , combatit & mourut enfin ſans avoir rien fait d'utile pour ſa Patrie. Les Anciens Romains labouroient d'une main & combattoient de l'autre. C'étoient de grands hommes , je le crois , quoiqu'ils ne fiſſent que de petites choses : ils se consacroient tout entiers à leur Parrie, parce qu'elle étoit éternellement en danger. Dans ces premiers tems on ne sçavoit qu'exister ; la tempérance & le courage ne pouvoient être de vraies vertus, ce n'étoit que des qualités forcées : on étoit alorsdans une impossibilité physique d'être voluptueux ; & qui vouloit être lâche, devoit se résoudre à être esclave. Les Etats s'accrûrent: l'inégalité des biens s'introduisit nécessairement : un Proconsul d'Asie pouvoit-il être aussi pauvre, que ces Consuls anciens demi-Bourgeois & demi-Paysans, qui ravagoient un jour les champs des Fidénates, & revenoient le lendemain cultiver les leurs? Les circonstances seules ont fait ces différences : la pauvreté ni la richesse ne font point la vertu ; elle est uniquement dans le bon ou le mauvais ufage des biens ou des maux que nous avons reçus de la Nature & de la fortune.

Après avoir juftifié les Lettres fur l'article du luxe, il me refte à faire voir que la politeffe qu'elles ont introduit dans nos mœurs, eft un des plus utiles préfens qu'elles puffent faire aux hommes. Suppofons que la politeffe n'eft qu'un mafque trompeur qui voile tous les vices, c'eft préfenter l'exception au lieu de la regle, & l'abus de la chofe à la place de la chofe même.

Mais que deviendront ces accufations, fi la politeffe n'eft en effet que l'expreffion d'une ame douce & bienfaifante? L'habitude d'une fi louable imitation feroit feule capable de nous élever jufqu'à la vertu même; tel eft le mépris de la coutume. Nous devenons enfin ce que nous feignons d'être. Il entre dans la politeffe des mœurs, plus de Philofophie qu'on ne penfe ; elle refpecte le nom & la qualité d'homme ; elle feule conferve entr'eux une forte d'égalité fictive, foible, mais précieux refte de leur ancien droit naturel. Entre égaux, elle devient la médiatrice de leur amour propre ; elle eft le facrifice perpétuel de l'humeur & de l'efprit de fingularité.

Dira-t'on que tout un peuple qui exerce habituellement ces démonftrations de douceur, de bienveillance, n'eft compofé que de perfides & de duppes ? croira-t'on que tous foient en même tems & trompeurs & trompés ?

Nos cœurs ne font point affez parfaits pour fe montrer fans voile : la politeffe eft un vernis qui adoucit les teintes tranchantes des caracteres ;

elle rapproche les hommes, & les en-
gage à s'aimer par les reſſemblances
générales qu'elle répand ſur eux : ſans
elle, la ſociété n'offriroit que des
diſparates & des chocs ; on ſe haïroit
par les petites choſes ; & avec cette
diſpoſition, il ſeroit difficile de s'aimer même pour les plus grandes qualités. On a plus ſouvent beſoin de
complaiſance que de ſervices ; l'ami
le plus généreux m'obligera peut-être
tout au plus une fois dans ſa vie.
Mais une ſociété douce & polie embellit tous les momens du jour. Enfin
la politeſſe place les vertus ; elle ſeule
leur enſeigne ces combinaiſons fines,
qui les ſubordonnent les unes aux
autres dans d'admirables proportions,
ainſi que ce juſte milieu, au deçà &
au delà duquel elles perdent infiniment de leur prix.

On ne ſe contente pas d'attaquer

les fciences dans les effets qu'on leur attribue ; on les empoifonne jufques dans leur fource ; on nous peint la curiofité comme un penchant funefte; on charge fon portrait des couleurs les plus odieufes. J'avouerai que l'allégorie de Pandore peut avoir un bon côté dans le fyftême moral : mais il n'en eft pas moins vrai que nous devons à nos connoiffances , & par conféquent à notre curiofité , tous les biens dont nous jouiffons. Sans elle, réduits à la condition des brutes , notre vie fe pafferoit à remper fur la petite portion de terrein deftiné à nous nourrir & à nous engloutir un jour. L'état d'ignorance eft un état de crainte & de befoin; tout eft danger alors pour notre fragilité; la mort gronde fur nos têtes , elle eft cachée dans l'herbe que nous foulons aux pieds. Lorfqu'on craint tout , & qu'on

a

a befoin de tout, quelle difpofition plus raifonnable que celle de vouloir tout connoître ?

Telle eft la noble diftinction d'un être penfant : feroit-ce donc en vain que nous aurions été doués feuls de cette faculté divine ? C'eft s'en rendre digne que d'en ufer.

Les premiers hommes fe contente-rent de cultiver la terre, pour en ti-rer le bled ; enfuite on creufa dans fes entrailles, on en arracha les métaux. Les mêmes progrès fe font faits dans les Sciences ; on ne s'eft pas contenté des découvertes les plus néceffaires ; on s'eft attaché avec ardeur à cel'es qui ne paroiffoient que difficiles & glorieufes. Quel étoit le point où l'on auroit dû s'arrêter ? Ce que nous ap-pellons génie, n'eft autre chofe qu'une raifon fublime & courageufe ; il n'appartient qu'à lui feul de fe juger.

C

Ces globes lumineux placés loin
de nous à des diftances fi énormes,
font nos guides dans la navigation; &
l'étude de leurs fituations refpectives,
qu'on n'a peut-être regardé d'abord
que comme l'objet de la curiofité la
plus vaine, eft devenue une des
Sciences la plus utile. La propriété
finguliere de l'aimant, qui n'étoit
pour nos peres qu'une énigme frivole
de la Nature, nous a conduits comme
par la main à travers l'immenfité des
Mers.

Deux verres placés & taillés d'une
certaine maniere, nous ont montré
une nouvelle fçene de merveilles,
que nos yeux ne foupçonnoient pas.

Les expériences du tube électrifé
fembloient n'être qu'un jeu; peut-
être leur devra-t'on un jour la con-
noiffance du regne univerfel de la
Nature.

Après la découverte de ces rapports fi imprévus, fi majeſtueux, entre les plus petites & les plus grandes choſes, quelles connoiſſances oſerions-nous dédaigner? En ſçavons-nous aſſez pour mépriſer ce que nous ne ſçavons pas? Bien loin d'étouffer la curioſité, ne ſemble-t'il pas au contraire, que l'Etre ſuprême ait voulu la réveiller par des découvertes ſingulieres, qu'aucune analogie n'avoient annoncées?

Mais de combien d'erreurs eſt aſſiégée l'étude de la vérité? quelle audace, nous dit-on, ou plutôt qu'elle témérité de s'engager dans des routes trompeuſes, où tant d'autres ſe ſont égarés? Sur ces principes, il n'y aura plus rien que nous oſions entreprendre; la crainte éternelle des maux, nous privera de tous les biens où nous aurions pû aſpirer, puiſqu'il n'en eſt point

fans mélange. La véritable fageffe au
contraire confifte feulement à les épu-
rer, autant que notre condition le per-
met.

Tous les reproches, que l'on fait
à la Philofophie, attaquent l'efprit
humain, ou plutôt l'Auteur de la
Nature, qui nous a faits tels que nous
fommes. Les Philofophes étoient des
hommes ; ils fe font trompés : Doit-
on s'en étonner ? plaignons-les, pro-
fitons de leurs fautes, & corrigeons-
nous ; fongeons que c'eft à leurs erreurs multipliées que nous devons la
poffeffion des vérités dont nous jouiffons. Il falloit épuifer les combinai-
fons de tous ces divers fyftêmes, la
plupart fi répréhenfibles & fi outrés ;
pour parvenir à quelque chofe de raifonnable. Mille routes conduifent à
l'erreur ; une feule mene à la vérité.
Faut-il être furpris qu'on fe foit mé-

pris fi fouvent fur celle-ci, & qu'elle ait été découverte fi tard? «

L'efprit humain étoit trop borné pour embraffer d'abord la totalité des chofes. Chacun de ces Philofophes ne voyoit qu'une face : ceux-là raffembloient les motifs de douter ; ceux-ci réduifoient tout en dogmes : chacun d'eux avoit fon principe favori, fon objet dominant auquel il rapportoit toutes fes idées. Les uns faifoient entrer la vertu dans la compofition du bonheur, qui étoit la fin de leurs recherches ; les autres fe propofoient la vertu même, comme leur unique objet, & fe flatoient d'y rencontrer le bonheur. Il y en avoit qui regardoient la folitude & la pauvreté, comme l'afyle de mœurs ; d'autres ufoient des richeffes comme d'un inftrument de leur félicité & de celle d'autrui : quelques-uns fréquentoient les Cours &

les affemblées publiques pour rendre leur fageffe utile aux Rois & aux peuples. Un feul homme n'eft pas tous; un feul efprit, un feul fyftême n'enferme pas toute la fcience; c'eft par la comparaifon des extrêmes, que l'on faifit enfin le jufte milieu; c'eft par le combat des erreurs qui s'entredétruifent, que la vérité triomphe : ces diverfes parties fe modifient, s'élévent & fe perfectionnent mutuellement; elles fe rapprochent enfin, pour former la chaîne des vérités; les nuages fe diffipent, & la lumiere de l'évidence fe leve.

Je ne diffimulerai cependant pas que les Sciences ont rarement atteint l'objet qu'elles s'étoient propofé. La Métaphyfique vouloit connoître la nature des efprits; & non moins utile, peut-être, elle n'a fait que nous dévélopper leurs opérations : le Phyficien

a entrepris l'Hiſtoire de la Nature , &
n'a imaginé que des Romans ; mais
en pourſuivant un objet chimérique ,
combien n'a-t'il pas fait de découvertes admirables ? La Chymie n'a pû
nous donner de l'or ; & ſa folie nous a
valu d'autres miracles dans ſes analy-
ſes & ſes mêlanges. Les Sciences ſont
donc utiles juſques dans leurs écarts
& leurs déréglemens ; il n'y a que
l'ignorance qui n'eſt jamais bonne à
rien. Peut-être ont-elles trop élevé
leurs prétentions. Les Anciens à cet
égard paroiſſoient même plus ſages
que nous : nous avons la manie de
vouloir procéder toujours par dé-
monſtrations ; il n'y a ſi petit Proſeſ-
ſeur qui n'ait ſes argumens & ſes dogmes , & par conſéquent ſes erreurs &
ſes abſurdités. Ciceron & Platon trai-
toient la Philoſophie en dialogues :
chacun des Interlocuteurs faiſoit va-

C iv

loir fon opinion; on difputoit, on cherchoit, & on ne fe piquoit point de prononcer : Nous n'avons peut-être que trop écrit fur l'évidence; elle eft plus propre à être fentie qu'à être définie : mais nous avons prefque perdu l'Art de comparer les probabilités & les vraifemblances, & de ca'culer le degré de confentement qu'on leur doit. Qu'il y a peu de chofes demontrées! & cómbien n'y en a-t'il pas, qui ne font que probables ! Ce feroit rendre un grand fervice aux hommes que de donner une méthode pour l'opinion.

L'efprit de fyftême qui s'eft long-tems attaché à des objets où il ne pouvoit prefque que nous égarer, devroit régler l'acquifition, l'enchaîne-ment & le progrès de nos idées; nous avons befoin d'un ordre entre les diverfes Sciences, pour nous conduire

des plus fimples aux plus compo-
fées , & parvenir ainfi à conftruire une
efpéce d'obfervatoire fpirituel, d'où
nous puiffions contempler toutes nos
Connoiffances ; ce qui eft le plus haut
dégré de l'efprit.

La plûpart des Sciences ont été
faites au hazard ; chaque Auteur a fui-
vi l'idée qui le dominoit, fouvent fans
fçavoir où elle devoit le conduire :
un jour viendra où tous les livres feront extraits & refondus , conformé-
ment à un certain fyftême qu'on fe
fera formé ; alors les efprits ne feront
plus de pas inutiles , hors de la route
& fouvent en arriere. Mais quel eft
le génie en état d'embraffer toutes
les connoiffances humaines , de choi-
fir le meilleur ordre pour les préfenter à l'efprit ? Sommes-nous affez avan-
cés pour cela ? Il eft du moins glo-
rieux de le tenter : la nouvelle Ency-

clopédie doit former une époque mémorable dans l'Histoire des Lettres.

Le Temple des Sciences est un édifice immense, qui ne peut s'achever que dans la durée des siécles. Le travail de chaque homme est peu de chose dans un ouvrage si vaste ; mais le travail de chaque homme y est nécessaire. Le ruisseau qui porte ses eaux à la Mer, doit-il s'arrêter dans sa course, en considérant la petitesse de son tribut ? Quels éloges ne doit-on pas à ces hommes généreux, qui ont percé & écrit pour la postérité ? Ne bornons point nos idées à notre vie propre ; étendons-les sur la vie totale du genre humain ; méritons d'y participer ; & que l'instant rapide où nous aurons vécû, soit digne d'être marqué dans son Histoire.

Pour bien juger de l'élévation d'un

Philofophe , ou d'un homme de Lettres , au deffus du commun des hommes , il ne faut que confidérer le fort
de leurs penfées: celles de l'un, utiles
à la Société générale , font immortelles , & confacrées à l'admiration de
tous les fiécles ; tandis que les autres
voyent difparoître toutes leurs idées
avec le jour , la circonftance , le moment qui les a vû naître ; chez les trois
quarts des hommes , le lendemain efface la veille , fans qu'il en refte la
moindre trace.

Je ne parlerai point de l'Aftrologie
judiciaire , de la Cabale , & de toutes
les Sciences qu'on appelloit Occul-
tes : elles n'ont fervi qu'à prouver que
la curiofité eft un penchant invincible; & quand les vraies Sciences
n'auroient fait que nous délivrer de
celles qui en ufurpoient fi honteufe-
ment le nom , nous leur devrions dejà
beaucoup.

On nous opppofe un jugement de Socrate, qui porta non fur les Sçavans, mais fur les Sophiftes; non fur les Sciences, mais fur l'abus qu'on en peut faire : Socrate étoit chef d'une Secte qui enfeignoit à douter; & il cenfuroit, avec juftice, l'orgüeil de ceux qui prétendoient tout fçavoir. La vraie Science eft bien éloignée de cette affectation. Socrate eft ici témoin contre lui-même; le plus Sçavant des Grecs ne rougiffoit point de fon ignorance. Les Sciences n'ont donc pas leurs fources dans nos vices; elles ne font donc pas toutes nées de l'orgueil humain; déclamation vaine, qui ne peut faire illufion qu'à des efprits prévenus.

On demande, par exemple, ce que deviendroit l'Hiftoire, s'il n'y avoit ni Guerriers, ni Tyrans, ni Confpirateurs. Je réponds, qu'elle seroit l'Histoire des vertus des hommes. Je dirai plus; si les hommes étoient tous vertueux, ils n'auroient plus besoin, ni de Juges, ni de Magistrats, ni de Soldats. A quoi s'occuperoient-ils? Il ne leur resteroit que les Sciences & les Arts. La contemplation des choses naturelles, l'exercice de l'esprit sont donc la plus noble & la plus pure fonction de l'homme.

Dire que les Sciences sont nées de l'oisiveté, c'est abuser visiblement des termes. Elles naissent du loisir, il est vrai; mais elles garantissent de l'oisiveté. Le Citoyen que ses besoins attachent à la charrue, n'est pas plus occupé que le Géométre, ou l'Anatomiste; j'avoue que son travail est de premiere nécessité: mais sous pretexte que le pain est nécessaire, faut-il que tout le monde se mette à labou-

rer la terre ? & parce qu'il eft plus néceffaire que les Loix, le Laboureur
fera-t'il élevé au-deffus du Magiftrat
ou du Miniftre? Il n'y a point d'abfurdités où de pareils principes ne puffent nous conduire.

Il femble, nous dit-on, qu'on ait trop
de Laboureurs, & qu'on craigne
de manquer de Philofophes. Je demanderai à mon tour, fi l'on craint que
les profeffions lucratives ne manquent
de fujets pour les exercer. C'eft bien
mal connoître l'empire de la cupidité;
tout nous jette dès notre enfance dans
les conditions utiles ; & quels préjugés n'a-t'on pas à vaincre, quel courage ne faut-il pas, pour ofer n'être
qu'un Defcartes, un Newton, un
Locke ?

Sur quel fondement peut-on re-
procher aux Sciences d'être nuifibles
aux qualités morales? Quoi! l'exercice

du raisonnement, qui nous a été donné pour guide; les Sciences Mathé-
matiques, qui, en renfermant tant d'u-
tilités relatives à nos besoins présens,
tiennent l'esprit si éloigné des idées
inspirées par les sens & par la cupidité; l'étude de l'antiquité, qui fait partie de l'expérience, la premiere science de l'homme; les observations de
la Nature, si nécessaires à la conser-
vation de notre être, & qui nous élévent jusqu'à son Auteur : toutes ces
connoissances contribueroient à détruire les mœurs ! Par quel prodige
opéreroient-elles un effet si contraire
aux objets qu'elles se proposent ? Et
on ose traiter d'éducation insensée,
celle qui occupe la jeunesse de tout
ce qu'il y a jamais eu de noble & d'u-
tile dans l'esprit des hommes ! Quoi,
les Ministres d'une Religion pure &
sainte, à qui la jeunesse est ordinaire-

ment confiée parmi nous, lui laisse-
roient ignorer les devoirs de l'homme
& du Citoyen! Suffit-il d'avancer une
imputation si injuste, pour la persua-
der ? On rétend nous faire regretter
l'éducation des Perses ; cette éducation fondée sur des principes barbares, qui donnoit un Gouverneur pour
apprendre à ne rien craindre, un autre pour la tempérance, un autre
enfin pour enseigner à ne point men-
tir ; comme si les vertus étoient divi-
sées, & devoient former chacune un
art séparé. La vertu est un être unique,
indivisible : il s'agit de l'inspirer, non
de l'enseigner ; d'en faire aimer la
pratique, & non d'en démontrer la
théorie.

On se livre ensuite à des nouvelles
déclamations contre les Arts & les
Sciences, sous prétexte que le luxe
va rarement sans elles, & qu'elles ne
vont

vont jamais ſans lui. Quand j'accorderois cette propoſition, que pourroit-on en conclure ? La plûpart des Sciences me paroiſſent d'abord parfaitement déſintéreſſées dans cette prétendue objection ; le Geométre, l'Aſtronome, le Phyſicien ne ſont pas ſuſpects aſſurément. A l'égard des Arts, s'ils ont en effet quelque rapport avec le luxe, c'eſt un côté louable de ce luxe même, contre lequel on déclame tant, ſans le bien connoître. Quoique cette queſtion doive être regardée comme étrangere à mon ſujet, je ne puis m'empêcher de dire, que tant qu'on ne voudra raiſonner ſur cette matiere que par comparaiſon du paſſé au préſent, on en tirera les plus mauvaiſes conſéquences du monde. Lorſque les hommes marchoient tout nuds, celui qui s'aviſa le premier de porter des ſabots paſſa pour un voluptueux; de fiécle en fiécle, on n'a jamais ceffé de crier à la corruption, fans comprendre ce qu'on vouloit dire; le préjugé toujours vaincu, renaiffoit fidélement à chaque nouveauté.

Le commerce & le luxe font devenus les liens des Nations. La terre avant eux n'étoit qu'un champ de bataille, la guerre un brigandage & les hommes des barbares, qui ne fe croyoient nés que pour s'affervir, fe piller, & fe maffacrer mutuellement: Tel étoient ces fiécles anciens que l'on veut nous faire regretter.

La terre ne fuffifoit ni à la nourriture, ni au travail de fes habitans; les fujets devenoient à charge à l'Etat; fitôt qu'ils étoient défarmés, il falloit les ramener à la guerre pour fe foulager d'un poids incommode. Ces émigrations effroyables des peuples du Nord, la honte de l'humanité, qui dé-

truisirent l'Empire Romain, & qui dé-
solerent le neuviéme siécle, n'avoient
d'autres sources que la misere d'un
peuple oisif. Au défaut de l'égalité des
biens, qui a été long-tems la chimére
de la politique, & qui est impossible
dans les grands Etats, le luxe seul
peut nourrir & occuper les sujets. Ils
ne deviennent pas moins utiles dans
la paix que dans la guerre ; leur industrie sert autant que leur courage. Le
travail du pauvre est payé du super-
flu du riche. Tous les ordres des Citoyens s'attachent au Gouvernement
par les avantages qu'ils en retirent.

Tandis qu'un petit nombre d'hommes jouit avec modération de ce
qu'on nomme luxe, & qu'un nombre
infiniment plus petit en abuse, parce
qu'il faut que les hommes abusent de
tout ; il fait l'espoir, l'émulation & la
subsistance d'un million de Citoyens,

qui languiroient fans lui dans les hor-
reurs de la mendicité. Tel eft en France l'état de la Capitale. Parcourez les
Provinces : les proportions y font encore plus favorables. Vous y trouverez
peu d'excès ; le néceffaire commode
affez rare ; l'Artifan & le Laboureur,
c'eft-à-dire, le Corps de la Nation,
borné à la fimple exiftence ; enforte
qu'on peut regarder le luxe comme
une humeur jettée fur une très-petite
partie du Corps politique, qui fait la
force & la fanté du refte.

Mais, nous dit-on, les Arts amolliffent le courage ; on cite quelques
peuples lettrés qui ont été peu belli-
queux, tels que l'ancienne Egypte,
les Chinois, & les Italiens moder-
nes ? Quelle injuftice d'en accufer les
Sciences ! Il feroit trop long d'en re-
chercher ici les caufes. Il fuffira de
citer pour l'honneur des Lettres,

l'exemple des Grecs & des Romains, de l'Espagne, de l'Angleterre & de la France, c'est-à-dire, des Nations les plus guerrieres & les plus sçavantes.

Des Barbares ont fait de grandes conquêtes, c'est qu'ils étoient très-injustes ; ils ont vaincu quelquefois des peuples policés : J'en conclurai, si l'on veut, qu'un peuple n'est pas invincible pour être sçavant. A toutes ces révolutions, j'opposerai seulement la plus vaste & la plus facile conquête qui ait jamais été faite ; c'est celle de l'Amérique que les Arts & les Sciences de l'Europe ont subjuguée avec une poignée de soldats ; preuve sans réplique de la différence qu'elles peuvent mettre entre les hommes.

J'ajouterai, que c'est enfin une barbarie passée de mode, de supposer que les hommes ne sont nés que pour se détruire: Les talens & les vertus militaires méritent sans doute un rang distingué dans l'ordre de la nécessité : mais la Philosophie a épuré nos idées sur la gloire ; l'ambition des Rois n'est à ses yeux que le plus monstrueux des crimes : graces aux vertus du Prince qui nous gouverne , nous osons célébrer la modération & l'humanité.

Que quelques Nations au sein de l'ignorance ayent eu des idées de la gloire & de la vertu, ce sont des exceptions si singulieres , qu'elles ne peuvent former aucun préjugé contre les Sciences : pour nous en convaincre , jettons les yeux sur l'immense continent de l'Afrique , où nul mortel n'est assez hardi pour pénétrer , ou assez heureux pour l'avoir tenté impunément. Un bras de mer sépare à peine les Contrées sçavantes & heureuses de l'Europe, de ces régions funestes, où l'homme est ennemi né de l'homme, où les Souverains ne sont que les affassins privilégiés d'un peuple esclave. D'où naissent ces différences si prodigieuses entre des climats si voisins, où sont ces beaux rivages que l'on nous peint parés par les mains de la Nature ? L'Amérique ne nous offre pas des spectacles moins honteux pour l'espéce humaine. Pour un peuple vertueux dans l'ignorance, on en comptera cent barbares ou sauvages. Par tout je vois l'ignorance enfanter l'erreur, les préjugés, les violences, les passions & les crimes. La terre abandonnée sans culture, n'est point oisive ; elle produit des épines & des poisons, elle nourrit des monstres.

J'admire les Brutus, les Décius, les Lucréce, les Virginius, les Scé-

D iv

vola; mais j'admirerai plus encore un Etat puiſſant & bien gouverné, où les Citoyens ne feront point condamnés à des vertus ſi cruelles.

Cincinnatus vainqueur retournoit à ſa charrue; dans un ſiécle plus heureux, Scipion triomphant revenoit goûter avec Lélius & Térence les charmes de la Philoſophie & des Lettres, & ceux de l'amitié plus précieux encore. Nous célébrons Fabricius, qui avec ſes raves cuites ſous la cendre, mépriſe l'or de Pyrrhus; mais Titus, dans la ſomptuoſité de ſes Palais, meſurant ſon bonheur ſur celui qu'il procure au monde par ſes bienfaits & par ſes loix, devient le Héros de mon cœur. Au lieu de cet antique héroïſme ſuperſtitieux, ruſtique ou barbare, que j'admirois en frémiſſant; j'adore une vertu éclairée, heureuſe & bienfaiſante; l'idée de mon exiſtence s'embellit : j'apprends à honorer & à chérir l'humanité.

Qui pourroit être aſſez aveugle, ou aſſez injuſte, pour n'être pas frappé de ces différences ? Le plus beau ſpectacle de la Nature, c'eſt l'union de la vertu & du bonheur ; les Sciences & les Arts peuvent ſeuls élever la raiſon à cet accord ſublime. C'eſt de leur ſecours qu'elle emprunte des forces pour vaincre les paſſions, des lumieres pour diſſiper leurs preſtiges, de l'élévation pour apprécier leur petiteſſe, des attraits enfin & des dédommagemens pour ſe diſtraire de leurs ſéductions.

On a dit que le crime n'étoit qu'un faux jugement *. Les Sciences, dont le premier objet eſt l'exercice & la perfection du raiſonnement, ſont

* Conſidérations ſur les mœurs.

donc les guides les plus assurés des
mœurs. L'innocence sans principes
& sans lumieres, n'est qu'une qualité de tempéramment, aussi fragile
que lui. La sagesse éclairée connoît
ses ennemis & ses forces. Au moyen
de son point de vûe fixe, elle purifie
les biens matériels, & en extrait le
bonheur : elle sçait tour à tour s'abs-
tenir & jouir dans les bornes qu'elle
s'est prescrites.

Il n'est pas plus difficile de faire voir
l'utilité des Arts pour la perfection des
mœurs. On comptera les abus que
les passions en ont fait quelquefois :
mais qui pourra compter les biens
qu'ils ont produits ?

Otez les Arts du monde : que reste-
t'il ? les exercices du corps & les passions. L'esprit n'est plus qu'un agent
matériel, ou l'instrument du vice. On
ne se délivre de ses passions que par

des goûts; les Arts font néceffaires à une Nation heureufe : s'ils font l'occafion de quelques défordres, n'en accufons que l'imperfection même de notre nature : de quoi n'abufe-t'elle pas ? Ils ont donné l'être aux plaifirs de l'ame, les feuls qui foient dignes de nous : nous devons à leurs féductions utiles l'amour de la vérité & des vertus, que la plûpart des hommes auroient haïes & redoutées, fi elles n'euffent été parées de leurs mains.

C'eft à tort qu'on affecte de regarder leurs productions comme frivoles. La Sculpture, la Peinture flatent la tendreffe, confolent les regrets, immortalifent des vertus & les talens; elles font des fources vivantes de l'émulation; Céfar verfoit des larmes en contemplant la ftatue d'Alexandre.

L'harmonie a fur nous des droits naturels, que nous voudrions en vain méconnoître; la Fable a dit, qu'elle arrêtoit le cours des flots. Elle fait plus; elle fufpend la penfée : elle calme nos agitations, & nos troubles les plus cruels; elle anime la valeur, & préfide aux plaifirs.

Ne femble-t'il pas que la divine Poëfie ait dérobé le feu du Ciel pour animer toute la nature? Quelle ame peut être inacceffible à fa touchante magie? elle adoucit le maintien févére de la vérité, elle fait fourire la fageffe; les chef-d'œuvres du Théatre doivent être confidérés comme de fçavantes expériences du cœur humain.

C'eft aux Arts enfin que nous devons le beau choix des idées, les graces de l'efprit & l'enjouement ingénieux qui font les charmes de la fociété; ils ont doré les liens qui nous uniffent, orné la fcéne du monde, & multiplié les bienfaits de la Nature.

F I N.

DERNIERE

RÉPONSE

DE J· J· ROUSSEAU

DE GENEVE.

Ne , dùm tacemus , non verecundiæ sed
diffidentiæ causâ tacere videamur.
Cyprian. contra Demet.

DERNIERE RÉPONSE

DE

J. J. ROUSSEAU

DE GENEVE.

Eſt avec une extrême ré-
pugnance que j'amuſe de
mes diſputes des Lecteurs
oiſifs qui ſe ſoucient très-peu de la vérité : mais la maniére dont on vient de
l'attaquer me force à prendre ſa dé-
fenſe encore une fois, afin que mon
ſilence ne ſoit pas pris par la multitu-

de pour un aveu, ni pour un dédain par les Philofophes.

Il faut me repéter ; je le fens bien, & le public ne me le pardonnera pas. Mais les fages diront : Cet homme n'a pas befoin de chercher fans ceffe de nouvelles raifons ; c'eft une preuve de la folidité des fiennes. *

* Il y a des vérités très-certaines qui au premier coup d'œil paroiffent des abfurdités, & qui pafferont toujours pour telles auprès de la plûpart des gens. Allez dire à un homme du Peuple que le foleil eft plus près de nous en hyver qu'en été, ou qu'il eft couché avant que nous ceffions de le voir, il fe moquera de vous. Il en eft ainfi du fentiment que je foutiens. Les hommes les plus fuperficiels ont toujours été les plus prompts à prendre parti contre moi ; les vrais Philofophes fe hâtent moins ; & fi j'ai la gloire d'avoir fait quelques profélytes, ce n'eft que parmi ces derniers. Avant que de m'expliquer, j'ai long tems & profondément medité mon fujet, & j'ai tâché de le confidérer par toutes fes faces. Je doute qu'aucun de mes adverfaires en puiffe dire autant. Au moins n'apperçois-je point dans leurs écrits de ces vérités lumineufes qui ne frappent pas moins par leur évidence que par leur nouveauté, & qui font toujours le fruit & la preuve d'une fuffifante méditation. J'ofe dire qu'ils ne m'ont jamais fait une objection raifonnable que je n'euffe prévûe & à laquelle je n'aie répondu d'avance. Voilà pourquoi je fuis réduit à redire toujours les mèmes chofes.

Comme

Comme ceux qui m'attaquent ne
manquent jamais de s'écarter de la
queſtion & de ſupprimer les diſtinc-
tions eſſentielles que j'y ai miſes, il
faut toujours commencer par les y ramener. Voici donc un ſommaire des
propoſitions que j'ai ſoutenûes &
que je ſoutiendrai auſſi long tems
que je ne conſulterai d'autre intérêt
que celui de la vérité.

Les Sciences ſont le chef-d'œu-
vre du génie & de la raiſon. L'eſprit
d'imitation a produit les beaux Arts,
& l'expérience les a perfectionnés.
Nous ſommes redevables aux arts mé-
chaniques d'un grand nombres d'in-
ventions utiles qui ont ajoûté aux
charmes & aux commodités de la vie.
Voila des vérités dont je conviens de
très-bon cœur aſſurément. Mais con-
ſidérons maintenant toutes ces connoiſſances par rapport aux mœurs.*

Les connoiſſances rendent les hommes doux, dit

E

Si des intelligences céleſtes cul-
tivoient les ſciences , il n'en réſulte-
roit que du bien ; j'en dis autant des
grands hommes , qui ſont faits pour
guider les autres. Socrate ſçavant &
vertueux fut l'honneur de l'humanité:
mais les vices des hommes vulgaires

ce Philoſophe célébre dont l'ouvrage toujours profond & quelquefois ſublime reſpire par tout l'a-
mour de l'humanité. Il a écrit en ce peu de mots,
&, ce qui eſt rare, ſans déclamation, ce qu'on a
jamais écrit de plus ſolide à l'avantage des Lettres.
Il eſt vrai, les connoiſſances rendent les hommes
doux : Mais la douceur qui eſt la plus aimable des
vertus, eſt auſſi quelquefois une foibleſſe de l'ame:
La vertu n'eſt pas toujours douce ; elle ſçait s'armer
à propos de ſévérité contre le vice, elle s'enflamme
d'indignation contre le crime.

Et le juſte au méchant ne ſçait point pardonner.

Ce fut une réponſe très ſage que celle d'un Ro
de Lacedémone à ceux qui loüoient en ſa préſence
l'extrème bonté de ſon Collégue Charillus. *Et comment ſeroit-il bon , leur dit-il , s'il ne ſçait pas être
terrible aux méchans ?* Brutus n'étoit point un homme doux ; qui auroit le front de dire qu'il n'étoit pas
vertueux ? Au contraire, il y a des ames lâches &
puſillanimes qui n'ont ni feu ni chaleur, & qui ne
ſont douces que par indifférence pour le bien & pour
le mal. Telle eſt la douceur qu'inſpire aux Peuples
le goût des Lettres.

empoisonnent les plus sublimes connoissances & les rendent pernicieuses
aux Nations ; les méchans en tirent
beaucoup de choses nuisibles ; les
bons en tirent peu d'avantage. Si nul
autre que Socrate ne se fût piqué de
Philosophie à Athénes , le sang d'un
juste n'eût point crié vengeance contre la patrie des Sciences & des Arts.*

C'est une question à examiner , s'il
seroit avantageux aux hommes d'avoir
de la science , en supposant que ce
qu'ils appellent de ce nom le méri-
tât en effet : mais c'est une folie de
prétendre que les chiméres de la
Philosophie , les erreurs & les men-

* Il en a coûté la vie à Socrate pour avoir dit précisément les mêmes choses que moi. Dans le procès
qui lui fut intenté , l'un de ses accusateurs plaidoit
pour les Artistes , l'autre pour les Orateurs , le troi-
siéme pour les Poëtes , tous pour la prétendue cause
des Dieux. Les Poëtes, les Artistes, les Fanatiques,
les Rheteurs triompherent ; & Socrate périt. J'ai
bien peur d'avoir fait trop d'honneur à mon siécle en
avançant que Socrate n'y eut point bû la Cigüe.

fonges des Philofophes puiffent jamais
être bons à rien. Serons-nous toujours dupes des mots ? & ne compren-
drons-nous jamais qu'études, connoiffances, fçavoir & Philofophie, ne font
que de vains fimulacres élevés par
l'orgüeil humain, & très-indignes des
noms pompeux qu'il leur donne ?

A mefure que le goût de ces niai-
feries s'étend chez une nation, elle
perd celui des folides vertus : car il
en coûte moins pour fe diftinguer par
du babil que par de bonnes mœurs,
dès qu'on eft difpenfé d'être homme
de bien pourvû qu'on foit un homme
agréable.

Plus l'intérieur fe corrompt & plus
l'extérieur fe compofe : * c'eft ainfi

---

* Je n'affifte jamais à la repréfentation d'une Comedie de Moliére que je n'admire la délicateffe des
fpectateurs. Un mot un peu libre, une expreffion
plûtot groffiére qu'obfcéne, tout bleffe leurs chaftes
oreilles ; & je ne doute nullement que les plus cor-

que la culture des Lettres engendre inſenſiblement la politeſſe, Le
goût naît encore de la même ſource.
L'approbation publique étant le premier prix des travaux littéraires, il eſt
naturel que ceux qui s'en occupent
réfléchiſſent ſur les moyens de plaire ;
& ce ſont ces réflexions qui à la longue forment le ſtyle, épurent le goût,
& répandent par tout les graces &
l'urbanité. Toutes ces choſes ſeront,
ſi l'on veut, le ſupplément de la vertu : mais jamais on ne pourra dire
qu'elles ſoient la vertu, & rarement
elles s'aſſocieront avec elle. Il y aura
toujours cette différence, que celui
qui ſe rend utile travaille pour les

rompus ne ſoient toujours les plus ſcandaliſés. Cependant ſi l'on comparoit les mœurs du ſiécle de
Moliére avec celles du nôtre, quelqu'un croira-
t'il que le réſultat fût à l'avantage de celui-ci ?
Quand l'imagination eſt une fois ſalie, tout devient
pour elle un ſujet de ſcandale ; quand on n'a plus
rien de bon que l'extérieur, on redouble tous les
ſoins pour le conſerver.

autres, & que celui qui ne songe qu'à
se rendre agréable ne travaille que
pour lui. Le flateur, par exemple,
n'épargne aucun soin pour plaire, &
cependant il ne fait que du mal.

La vanité & l'oisiveté qui ont engendré nos sciences, ont aussi engendré le
luxe. Le goût du luxe accompagne
toujours celui des Lettres, & le goût
des Lettres accompagne souvent celui
du luxe*: toutes ces choses se tiennent
assez fidelle compagnie, parce quelles sont l'ouvrage des mêmes vices.

Si l'expérience ne s'accordoit pas

* On m'a opposé quelque part le luxe des Asiati-
ques, par cette même maniére de raisonner qui fait
qu'on m'opposé les vices des peuples ignorans. Mais
par un malheur qui poursuit mes adversaires, ils se
trompent même dans les faits qui ne prouvent rien
contre moi. Je sçais bien que les peuples de l'Orient
ne sont pas moins ignorans que nous ; mais cela
n'empêche pas qu'ils ne soient aussi vains & ne fas-
sent presque autant de livres. Les Turcs, ceux de
tous qui cultivent le moins les Lettres, comptoient
parmi eux cinq cent quatre-vingt Poëtes classiques
vers le milieu du siécle dernier.

avec ces propofitions démontrées, il faudroit chercher les caufes particuliéres de cette contrariété. Mais la premiere idée de ces propofitions eft née elle-même d'une longue méditation fur l'expérience : & pour voir à quel point elle les confirme, il ne faut qu'ouvrir les annales du monde.

Les premiers hommes furent très-ignorans. Comment oferoit-on dire qu'ils étoient corrompus, dans des tems où les fources de la corruption n'étoient pas encore ouvertes ?

A travers l'obfcurité des anciens tems & la rufticité des anciens Peuples, on apperçoit chez plufieurs d'entr'eux de fort grandes vertus, furtout une févérité de mœurs qui eft une marque infaillible de leur pureté, la bonne foi, l'hofpitalité, a juftice, &, ce qui eft très-important, une grande horreur pour la débauche * mere féconde de tous

* Je n'ai nul deſſein de faire ma cour aux femmes;
je conſens qu'elles m'honorent de l'épithéte de Pe-
dant ſi redoutée de tous nos galans Philoſophes. Je
ſuis groſſier, mauſſade, impoli par principes, & ne
veux point de prôneurs ; ainſi je vais dire la vérité
tout à mon aiſe.

L'homme & la femme ſont faits pour s'aimer &
s'unir ; mais paſſé cette union légitime, tout commerce d'amour entr'eux eſt une ſource affreuſe de
déſordres dans la ſociété & dans les mœurs. Il eſt
certain que les femmes ſeules pourroient ramener
l'honneur & la probité parmi nous : mais elles dé-
daignent des mains de la vertu un empire qu'elles
ne veulent devoir qu'à leurs charmes ; ainſi elles ne
font que du mal, & reçoivent ſouvent elles mêmes
la punition de cette préférence. On a peine à conce-
voir comment, dans une Religion ſi pure, la chaſteté
a pu devenir une vertu baſſe & monacale capable de
rendre ridicule tout homme & je dirois preſque toute
femme qui oſeroit s'en piquer ; tandis que chez les
Payens cette même vertu étoit univerſellement honorée, régardée comme propre aux grands hommes, & admirée dans leurs plus illuſtres héros. J'en
puis nommer trois qui ne céderont le pas à nul autre,
& qui, ſans que la Religion s'en mélât, ont tous
donné des exemples mémorables de continence :
Cyrus, Alexandre, & le jeune Scipion. De toutes
les raretés que renferme le Cabinet du Roi, je ne
voudrois voir que le bouclier d'argent qui fut donné
à ce dernier par les Peuples d'Eſpagne & ſur lequel
ils avoient fait gráver le triomphe de ſa vertu : c'eſt
ainſi qu'il appartenoit aux Romains de ſoumettre
les Peuples, autant par la vénération dûe à leurs
mœurs que par l'effort de leurs armes ; c'eſt ainſi que

les autres vices. La vertu n'eſt donc pas incompatible avéc l'ignorance.

Elle n'eſt pas non plus toujours ſa compagne : car pluſieurs peuples très-ignorans étoient très-vicieux. L'ignorance n'eſt un obſtacle ni au bien ni au mal; elle eſt ſeulement l'état naturel de l'homme. *

la ville des Faliſques fut ſubjugué, & Pyrrus vainqueur, chaſſé de l'Italie.

Je me ſouviens d'avoir lû quelque part une aſſez bonne réponſe du Poëte Dryden à un jeune Seigneur Anglois, qui lui reprochoit que dans une de ſes Tragédies, Cleoménes s'amuſoit à cauſer tête à tête avec ſon amante au lieu de former quelque entrepriſe digne de ſon amour. Quand je ſuis auprès d'une belle, lui diſoit le jeune Lord, je ſçais mieux mettre le tems à profit : Je le crois, lui repliqua Dryden, mais auſſi m'avouerez-vous bien que vous n'êtes pas un Héros.

* Je ne puis m'empêcher de rire en voyant je ne ſçais combien de fort ſçavans hommes qui m'honorent de leur critique, m'oppoſer toujours les vices d'une multitude de Peuples ignorans, comme ſi cela faiſoit quelque choſe à la queſtion. De ce que la ſcience engendre néceſſairement le vice, s'enſuit-il que l'ignorance engendre néceſſairement la vertu? Ces maniéres d'argumenter peuvent être bonnes pour des Rhéteurs, ou pour les enfans par leſquels on m'a fait réfuter dans mon pays; mais les Philoſophes doivent raiſonner d'autre ſorte.

On n'en pourra pas dire autant de la science. Tous les Peuples sçavans ont été corrompus , & c'est dejà un terrible préjugé contre elle. Mais comme les comparaisons de Peuple à Peuple sont difficiles, qu'il y faut faire entrer un fort grand nombre d'objets, & qu'elles manquent toujours d'exactitude par quelque côté ; on est beaucoup plus sûr de ce qu'on fait en suivant l'histoire d'un même Peuple, & comparant les progrès de ses connoissances avec les révolutions de ses mœurs. Or le résultat de cet examen est que le beau tems , le tems de la vertu de chaque Peuple, a été celui de son ignorance ; & qu'à mesure qu'il est devenu sçavant , Artiste, & Philosophe , il a perdu ses mœurs & sa probité ; il est redescendu à cet égard au rang des Nations ignorantes & vicieuses qui font la honte de l'humanité. Si l'on veut s'opiniâtrer à y chercher des différences, j'en puis reconnoître une, & la voici : C'est que tous les Peuples barbares, ceux mêmes qui font fans vertu honorent cependant toujours la vertu, au lieu qu'à force de progrès, les Peuples fçavans & Philofophes parviennent enfin à la tourner en ridicule & à la méprifer. C'est quand une nation est une fois à ce point, qu'on peut dire que la corruption est au comble & qu'il ne faut plus efpérer de remédes.

Tel est le fommaire des chofes que j'ai avancées, & dont je crois avoir donné les preuves. Voyons maintenant celui de la Doctrine qu'on m'oppofe.

»Les hommes font méchans natu-
»rellement ; ils ont été tels avant la
»formation des fociétés ; & par tout
»où les fciences n'ont pas porté leur

» flambeau, les Peuples, abandon-
» nés aux feules *facultés de l'inftinct*,
» réduits avec les lions & les ours à
» une vie purement animale, font de-
» meurés plongés dans la barbarie &
» dans la mifére.

» La Gréce feule dans les anciens
» tems penfa & *s'éleva par l'efprit* à
» tout ce qui peut rendre un Peuple
» recommandable. Des Philofophes
» formerent fes mœurs & lui donne-
» rent des loix.

» Sparte, il eft vrai, fut pauvre &
» ignorante par inftitution & par choix;
» mais fes loix avoient de grands dé-
» fauts, fes Citoyens un grand pen-
» chant à fe laiffer corrompre ; fa gloi-
» re fut peu folide, & elle perdit
» bientôt fes inftitutions, fes loix &
» fes mœurs.

» Athénes & Rome dégénérent
» auffi. L'une céda à la fortune de la

» Macédoine ; l'autre succomba sous
» sa propre grandeur, parce que les
» loix d'une petite ville n'étoient pas
» faites pour gouverner le monde. S'il
» est arrivé quelquefois que la gloi-
» re des grands Empires n'ait pas duré
» long tems avec celle des lettres,
» c'est qu'elle étoit à son comble lors-
» que les lettres y ont été cultivées,
» & que c'est le fort des choses humai-
» nes de ne pas durer long tems dans
» le même état. En accordant donc
» que l'altération des loix & des
» mœurs ayent influé sur ces grands
» événemens, on ne sera point forcé
» de convenir que les Sciences & les
» Arts y ayent contribué : & l'on peut
» observer, au contraire, que le pro-
» grès & la décadence des lettres est
» toujours en proportion avec la for-
» tune & l'abbaissement des Empires.
» Cette vérité se confirme par l'ex-

» périence des derniers tems, où l'on
» voit dans une Monarchie vaste &
» puissante la prospérité de l'état, la
» culture des Sciences & des Arts,
» & la vertu guerriére concourir à la
» fois à la gloire & à la grandeur de
» l'Empire.

» Nos mœurs sont les meilleures
» qu'on puisse avoir ; plusieurs vices
» ont été proscrits parmi nous ; ceux
» qui nous restent appartiennent à
» l'humanité , & les sciences n'y ont
» nulle part.

» Le luxe n'a rien non plus de com-
» mun avec elles ; ainsi les désordres
» qu'il peut causer ne doivent point
» leur être attribués. D'ailleurs le luxe
» est nécessaire dans les grands Etats;
» il y fait plus de bien que de mal;
» il est utile pour occuper les Ci-
» toyens oisifs & donner du pain aux
» pauvres,

» La politeffe doit être plutôt
» comptée au nombre des vertus
» qu'au nombre des vices : elle em-
» pêche les hommes de fe montrer
» tels qu'ils font ; précaution très-né-
» ceffaire pour les rendre fupporta-
» bles les uns aux autres.

» Les Sciences ont rarement at-
» teint le but qu'elles fe propofent ;
» mais au moins elles y vifent. On
» avance à pas lents dans la connoif-
» fance de la vérité ; ce qui n'empêche
» pas qu'on n'y faffe quelque pro-
» grès.

» Enfin quand il feroit vrai que les
» Sciences & les Arts amolliffent le
» courage , les biens infinis qu'ils
» nous procurent ne feroient-ils pas
» encore préférables à cette vertu
» barbare & farouche qui fait frémir
» l'humanité ? » Je paffe l'inutile &
pompeufe revûe de ces biens : &

pour commencer fur ce dernier point
par un aveu propre à prévenir bien
du verbiage, je déclare une fois pour
toutes que fi quelque chofe peut com-
penfer la ruine des mœurs, je fuis
prêt à convenir que les Sciences font
plus de bien que de mal. Venons
maintenant au refte.

Je pourrois fans beaucoup de rifque
fuppofer tout cela prouvé, puifque
de tant d'affertions fi hardiment avancées, il y en a très-peu qui touchent
le fond de la queftion, moins encore
dont on puiffe tirer contre mon fentiment quelque conclufion valable,
& que même la plûpart d'entr'elles
fourniroient de nouveaux argumens
en ma faveur, fi ma caufe en avoit
befoin.

En effet, 1. Si les hommes font méchans par leur nature, il peut arriver,
fi l'on veut, que les fciences produi-
ront

ront quelque bien entre leurs mains ; mais il eſt très-certain qu'elles y feront beaucoup plus de mal : Il ne faut point donner d'armes à des furieux.

2. Si les Sciences atteignent rarement leur but, il y aura toujours beaucoup plus de tems perdu que de tems bien employé. Et quand il feroit vrai que nous aurions trouvé les meilleures méthodes, la plûpart de nos travaux feroient encore auſſi ridicules que ceux d'un homme qui, bien ſûr de ſuivre exactement la ligne d'à-plomb, voudroit mener un puits juſqu'au centre de la terre.

3. Il ne faut point nous faire tant de peur de la vie purement animale, ni la confidérer comme le pire état où nous puiſſions tomber ; car il vaudroit encore mieux reſſembler à une brebis qu'à un mauvais Ange.

4. La Gréce fut redevable de ſes

F

mœurs & de ſes loix à des Philoſophes, & à des Légiſlateurs. Je le veux.
J'ai dejà dit cent fois qu'il eſt bon
qu'il y ait des Philoſophes, pourvû
que le Peuple ne ſe mêle pas de
l'être.

5. N'oſant avancer que Sparte
n'avoit pas de bonnes loix, on blâme
les loix de Sparte d'avoir eû de grands
défauts : de ſorte que, pour rétor-
quer les reproches que je fais aux
Peuples ſçavans d'avoir toujours été
corrompus, on reproche aux Peuples ignorans de n'avoir pas atteint
la perfection.

6. Le progrès des lettres eſt toujours en proportion avec la grandeur
des Empires. Soit. Je vois qu'on me
parle toujours de fortune & de grandeur. Je parlois moi de mœurs & de
vertu.

7. Nos mœurs ſont les meilleures

que de méchans hommes comme nous puissent avoir ; cela peut être. Nous avons proscrit plusieurs vices ; je n'en disconviens pas. Je n'accuse point les hommes de ce siécle d'avoir tous les vices ; ils n'ont que ceux des ames lâches ; ils sont seulement fourbes & fripons. Quant aux vices qui supposent du courage & de la fermeté , je les en crois incapables.

8. Le luxe peut être nécessaire pour donner du pain aux pauvres : mais, s'il n'y avoit point de luxe , il n'y auroit point de pauvres. * Il occupe les Ci-

---

* Le luxe nourrit cent pauvres dans nos villes, & en fait périr cent mille dans nos campagnes : l'argent qui circule entre les mains des riches & des Artistes pour fournir à leurs superfluités , est perdu pour la subsistance du Laboureur; & celui-ci n'a point d'habit précisément parce qu'il faut du galon aux autres. Le gaspillage des matieres qui servent a la nourriture des hommes suffit seul pour rendre le luxe odieux à l'humanité. Mes adversaires sont bienheureux que la coupable délicatesse de notre langue m'empêche d'entrer là dessus dans des détails qui les feroient rougir de la cause qu'ils osent défendre. Il faut des jus dans

toyens oififs. Et pourquoi y a-t'il des
Citoyens oififs ? Quand l'agriculture
étoit en honneur, il n'y avoit ni mifére ni oifiveté, & il y avoit beaucoup
moins de vices.

9. Je vois qu'on a fort à cœur cette
caufe de luxe, qu'on feint pourtant
de vouloir féparer de celle des Sciences & des Arts. Je conviendrai donc,
puifqu'on le veut fi abfolument, que
le luxe fert au foutien des Etats, comme les Cariatides fervent à foûtenir
les palais qu'elles décorent; ou plutôt, comme ces poûtres dont on
étaye des bâtimens pourris, & qui
fouvent achevent de les renverfer.
Hommes fages & prudens, fortez de
toute maifon qu'on étaye.

Ceci peut montrer combien il me

nos cuifines; voilà pourquoi tant de malades
manquent de bouillon. Il faut des liqueurs fur
nos tables; voilà pourquoi le payfan ne boit que de
l'eau. Il faut de la poudre à nos perruques; voilà
pourquoi tant de pauvres n'ont point de pain.

seroit aisé de retourner en ma faveur
la plûpart des choses qu'on prétend
m'opposer ; mais à parler franche-
ment , je ne les trouve pas assez
bien prouvées pour avoir le courage
de m'en prévaloir.

On avance que les premiers hommes furent méchans; d'où il suit que
l'homme est méchant naturellement.
* Ceci n'est pas une assertion de légé-
re importance ; il me semble qu'elle
eût bien valu la peine d'être prouvée.

* Cette note est pour les Philosophes ; je conseille
aux autres de la passer.

Si l'homme est méchant par sa nature , il est clair
que les Sciences ne feront que le rendre pire ; ainsi
voilà leur cause perdue par cette seule supposition.
Mais il faut bien faire attention que, quoique l'homme soit naturellement bon, comme je le crois, &
comme j'ai le bonheur de le sentir, il ne s'ensuit pas
pour cela que les sciences lui soient salutaires ; car
toute position qui met un peuple dans le cas de les
cultiver, annonce nécessairement un commencement
de corruption qu'elles accélerent bien vite. Alors le
vice de la constitution fait tout le mal qu'auroit pû
faire celui de la nature, & les mauvais préjugés
tiennent lieu des mauvais penchans.

F iij

Les Annales de tous les peuples qu'on ose citer en preuve, font beaucoup plus favorables à la suppofition contraire ; & il faudroit bien des témoignages pour m'obliger de croire une abfurdité. Avant que ces mots affreux de *tien* & de *mien* fuffent inventés ; avant qu'il y eût de cette efpéce d'hommes cruels & brutaux qu'on qu'on appelle maîtres, & de cette autre efpéce d'hommes fripons & menteurs qu'on appelle efclaves ; avant qu'il y eût des hommes affez abominables pour ofer avoir du fuperflu pendant que d'autres hommes meurent de faim ; avant qu'une dépendance mutuelle les eût tous forcés à devenir fourbes, jaloux & traîtres ; je voudrois bien qu'on m'expliquât en quoi pouvoient confifter ces vices, ces crimes qu'on leur reproche avec tant d'emphafe. On m'affûre qu'on eſt depuis long-tems déſabuſé de la chimére de l'Age d'or. Que n'ajoûtoit-on encore qu'il y a long-tems qu'on eſt déſabuſé de la chimére de la vertu ?

J'ai dit que les premiers Grecs furent vertueux avant que la ſcience les eût corrompus ; & je ne veux pas me rétracter ſur ce point, quoiqu'en y regardant de plus près, je ne ſois pas ſans défiance ſur la ſolidité des vertus d'un peuple ſi babillard, ni ſur la juſtice des éloges qu'il aimoit tant à ſe prodiguer & que je ne vois confirmés par aucun autre témoignage. Que m'oppoſe-t'on à cela ? Que les premiers Grecs dont j'ai loué la vertu étoient éclairés & ſçavans, puiſque des Philoſophes formerent leurs mœurs & leur donnerent des loix. Mais avec cette maniére de raiſonner, qui m'empêchera d'en dire au-

tant de toutes les autres Nations ?
Les Perfes n'ont-ils pas eû leurs Ma-
ges, les Affyriens leurs Chaldéens,
les Indes leurs Gymnofophiftes, les
Celtes leurs Druides ? Ochus n'a-t'il
pas brillé chez les Pheniciens, Atlas
chez les Lybiens, Zoroaftre chez les
Perfes, Zamolxis chez les Thraces ?
Et plufieurs même n'ont-ils pas pré-
tendu que la Philofophie étoit née
chez les Barbares ? C'étoient donc
des fçavans à ce compte que tous ces
peuples-là ? *A côté des Miltiade & des
Thémiftocle, on trouvoit*, me dit-on,
les Ariftide & les Socrate. A côté, fi
l'on veut; car que m'importe ? Cependant Miltiade, Ariftide, Thémiftocle,
qui étoient des Heros, vivoient dans
un tems, Socrate & Platon, qui étoient
des Philofophes, vivoient dans un autre; & quand on commença à ouvrir
des écoles publiques de Philofophie,

la Gréce avilie & dégénérée avoit
déja renoncé à sa vertu & vendu sa
liberté.

*La superbe Asie vit briser ses forces
innombrables contre une poignée d'hommes
que la Philosophie conduisoit à la
gloire.* Il est vrai : la Philosophie de
l'ame conduit à la véritable gloire,
mais celle-là ne s'apprend point dans
les livres. *Tel est l'infaillible effet des
connoissances de l'esprit.* Je prie le Lecteur d'être attentif à cette conclusion.
*Les mœurs & les loix font la seule source
du véritable héroïsme.* Les Sciences n'y
ont donc que faire. *En un mot, la Gréce
dut tout aux sciences, & le reste du monde
dut tout à la Gréce.* La Gréce ni
le monde ne durent donc rien aux
loix ni aux mœurs. J'en demande pardon à mes adversaires ; mais il n'y a
pas moyen de leur passer ces sophismes.

Examinons encore un moment cette préférence qu'on prétend donner à la Gréce sur tous les autres peuples, & dont il semble qu'on se soit fait un point capital. *J'admirerai, si l'on veut, des peuples qui passent leur vie à la guerre ou dans les bois, qui couchent sur la terre & vivent de légumes.* Cette admiration est en effet très-digne d'un vrai Philosophe : il n'appartient qu'au peuple aveugle & stupide d'admirer des gens qui passent leur vie, non à défendre leur liberté, mais à se voler & se trahir mutuellement pour satisfaire leur mollesse ou leur ambition, & qui osent nourrir leur oisiveté de la sueur du sang & des travaux d'un million de malheureux. *Mais est-ce parmi ces gens grossiers qu'on ira chercher le bonheur ?* On l'y chercheroit beaucoup plus raisonnablement, que la vertu parmi les autres.

Quel spectacle nous présenteroit le Genre humain composé uniquement de laboureurs, de soldats, de chasseurs, & de bergers ? Un spectacle infiniment plus beau que celui du Genre humain composé de Cuisiniers, de Poëtes, d'Imprimeurs, d'Orphévres, de Pëintres & de Musiciens. Il n'y a que le mot *soldat* qu'il faut rayer du premier Tableau. La Guerre est quelquefois un devoir, & n'est point faite pour être un métier. Tout homme doit être soldat pour la défense de sa liberté; nul ne doit l'être pour envahir celle d'autrui : & mourir en servant la patrie est un emploi trop beau pour le confier à des mercénaires. *Faut-il donc, pour être dignes du nom d'hommes, vivre comme les lyons & les ours ?* Si j'ai le bonheur de trouver un seul Lecteur impartial & ami de la vérité, je le prie de jetter un

coup d'œil fur la fociété actuelle ;
& d'y remarquer qui font ceux qui
vivent entr'eux comme les lyons &
les ours, comme les tygres & les
crocodiles. *Erigera-t'on en vertu les*
facultés de l'inftinct pour fe nourrir, fe
perpétuer & fe défendre ? Ce font des
vertus, n'en doutons pas, quand elles
font guidées par la raifon & fagement
ménagées ; & ce font, fur tout, des
vertus quand elles font employées à
l'affiftance de nos femblables. *Je ne*
vois là que des vertus animales, peu con-
formes à la dignité de notre être. Le
corps eft exercé, mais l'ame efclave ne
fait que ramper & languir. Je dirois volontiers en parcourant les faftueufes
recherches de toutes nos Académies : » Je ne vois là que d'ingé-
» nieufes fubtilités , peu conformes à
» la dignité de notre être. L'efprit eft
» exercé, mais l'ame efclave ne fait

»que ramper & languir. » *Otez les arts du monde*, nous dit-on ailleurs, *que reste-t'il ? les exercices du corps & les passions.* Voyez, je vous prie, comment la raison & la vertu sont toujours oubliées ! *Les Arts ont donné l'être aux plaisirs de l'ame, les seuls qui soient dignes de nous.* C'est-à-dire qu'ils en ont substitué d'autres à celui de bien faire, beaucoup plus digne de nous encore. Qu'on suive l'esprit de tout ceci, on y verra, comme dans les raisonnemens de la plûpart de mes adversaires, un enthousiasme si marqué sur les merveilles de l'entendement, que cette autre faculté infiniment plus sublime & plus capable d'élever & d'ennoblir l'ame, n'y est jamais comptée pour rien ? Voilà l'effet toujours assûré de la culture des lettres. Je suis sûr qu'il n'y a pas actuellement un sçavant qui n'estime

beaucoup plus l'éloquence de Ciceron que son zéle , & qui n'aimât infiniment mieux avoir composé les
Catilinaires que d'avoir sauvé son
pays.

L'embarras de mes adversaires est vi-
sible toutes les fois qu'il faut parler de
Sparte. Que ne donneroient-ils point
pour que cette fatale Sparte n'eût
jamais existé ? & eux qui prétendent
que les grandes actions ne sont bonnes qu'à être célébrées , à quel prix ne
voudroient-ils point que les siennes ne
l'eussent jamais été ! C'est une terrible
chose qu'au milieu de cette fameuse
Gréce qui ne devoit sa vertu qu'à la
Philosophie , l'Etat où la vertu a été
la plus pure & a duré le plus long-tems
ait été précisément celui où il n'y
avoit point de Philosophes. Les
mœurs de Sparte ont toujours été
proposées en exemple à toute la Gré-

ce; toute la Gréce étoit corrompue, & il y avoit encore de la vertu à Sparte; toute la Gréce étoit esclave, Sparte seule étoit encore libre : cela est désolant. Mais enfin la fiére Sparte perdit ses mœurs & sa liberté, comme les avoit perdues la sçavante Athénes; Sparte a fini. Que puis-je répondre à cela ?

Encore deux observations sur Sparte, & je passe à autre chose ; voici la premiere. *Après avoir été plusieurs fois sur le point de vaincre, Athénes fut vaincue, il est vrai ; & il est surprenant qu'elle ne l'eût pas été plutôt, puisque l'Attique étoit un pays tout ouvert, & qui ne pouvoit se défendre que par la supériorité de succès.* Athénes eut dû vaincre par toutes sortes de raisons. Elle étoit plus grande & beaucoup plus peuplée que Lacédemone; elle avoit de grands revenus & plusieurs

peuples étoient ses tributaires ; Sparte n'avoit rien de tout cela. Athénes
sur tout par sa position avoit un avantage dont Sparte étoit privée , qui la
mit en état de désoler plusieurs fois
le Péloponese , & qui devoit seul lui
assûrer l'Empire de la Gréce. C'étoit
un port vaste & commode ; c'étoit
une Marine formidable dont elle étoit
redevable à la prévoyance de ce rustre
de Thémistocle qui ne sçavoit pas
jouer de la flute. On pourroit donc
être surpris qu'Athénes , avec tant
d'avantages , ait pourtant enfin suc-
combé. Mais quoique la guerre du
Peloponése, qui a ruiné la Gréce, n'ait
fait honneur ni à l'une ni à l'autre République, & qu'elle ait sur tout été
de la part des Lacédemoniens une
infraction des maximes de leur sage Législateur, il ne faut pas s'étonner qu'à la longue le vrai courage l'ait
emporté

emporté ſur les reſſources , ni même que la réputation de Sparte lui en ait donné pluſieurs qui lui faciliterent la victoire. En vérité , j'ai bien de la honte de ſçavoir ces choſes-là , & d'être forcé de les dire.

L'autre obſervation ne ſera pas moins remarquable. En voici le texte, que je crois devoir remettre ſous les yeux du Lecteur.

Je ſuppoſe que tous les états dont la Gréce étoit compoſée , euſſent ſuivi les mêmes loix que Sparte , que nous reſteroit-il de cette contrée ſi célébre ? A peine ſon nom ſeroit parvenu juſqu'à nous. Elle auroit dédaigné de former des hiſtoriens , pour tranſmettre ſa gloire à la poſtérité ; le ſpectacle de ſes farouches vertus eût été perdu pour nous; il nous ſeroit indifférent , par conſéquent , qu'elles euſſent exiſté ou non. Les nombreux ſyſtêmes de Philoſophie qui ont épuiſé toutes les combinaiſons poſ-

G

sibles de nos idées, & qui, s'ils n'ont pas
étendu beaucoup les limites de notre esprit,
nous ont appris du moins où elles étoient
fixées ; ces chefs-d'œuvres d'éloquence &
de poësie qui nous ont enseigné toutes les
routes du cœur ; les arts utiles ou agréables qui conservent ou embellissent la vie ;
enfin, l'inestimable tradition des pensées
& des actions de tous les grands hommes,
qui ont fait la gloire ou le bonheur de
leurs pareils : toutes ces précieuses richesses de l'esprit eussent été perdues pour jamais. Les siècles se seroient accumulés ,
les générations des hommes se seroient succédé comme celles des animaux, sans aucun fruit pour la postérité, & n'auroient
laissé après elles qu'un souvenir confus
de leur existence ; le monde auroit vieilli, & les hommes seroient demeurés
dans une enfance éternelle.

Supposons à notre tour qu'un Lacedémonien pénétré de la force de

ces raisons eût voulu les exposer à
ses compatriotes ; & tâchons d'imaginer le discours qu'il eut pû faire dans
la place publique de Sparte.

» Citoyens, ouvrez les yeux sur
» votre aveuglement. Je vois avec
» douleur que vous ne travaillez qu'à
» acquérir de la vertu, qu'à exercer
» votre courage & maintenir votre li-
» berté; & cependant vous oubliez le
» devoir plus important d'amuser les
» oisifs des races futures. Dites-moi;
» à quoi peut être bonne la vertu, si
» ce n'est à faire du bruit dans le mon-
» de? Que vous aura servi d'être gens
» de bien, quand personne ne parlera
» de vous? Qu'importera aux siécles à
» venir que vous vous soyez dévoués
» à la mort aux Termopiles pour le
» salut des Athéniens, si vous ne lais-
» sez comme eux ni systêmes de Phi-
» losophie, ni vers, ni comedies ;

» ni ſtatues ? * Hâtez-vous donc d'a-
» bandonner des loix qui ne ſont bon-
» nes qu'à vous rendre heureux ; ne
» ſongez qu'à faire beaucoup parler
» de vous quand vous ne ſerez plus ;
» & n'oubliez jamais que, ſi l'on ne

* Periclès avoit de grands talens, beaucoup d'éloquence, de magnificence & de goût: il embéllit Athénes d'excellens ouvrages de ſculpture, d'édifices
ſomptueux & de chef-d'œuvres dans tous les arts.
Auſſi Dieu ſçait comment il a été prôné par la foule
des écrivains ! Cependant il reſte encore à ſçavoir
ſi Periclès a été un bon Magiſtrat : car dans la conduite des Etats il ne s'agit pas d'élever des ſtatues,
mais de bien gouverner des hommes. Je ne m'a-
muſerai point à développer les motifs ſécrets de
la guerre du Péloponneſe, qui fut la ruine de la
République ; je ne rechercherai point ſi le con-
ſeil d'Alcibiade étoit bien ou mal fondé, ſi Periclès fut juſtement ou injuſtement accuſé de
malverſation ; je demanderai ſeulement ſi les A-
théniens devinrent meilleurs ou pires ſous ſon
gouvernement ; je prierai qu'on me nomme quelqu'un parmi les Citoyens, parmi les Eſclaves, même parmi ſes propres enfans, dont ſes ſoins aient
fait un homme de bien. Voilà pourtant, ce me ſem-
ble, la premiere fonction du Magiſtrat & du Souverain. Car le plus court & le plus ſûr moyen de rendre les hommes heureux, n'eſt pas d'orner leurs villes ni même de les enrichir, mais de les rendre
bons.

» célébroit les grands hommes, il se-
» roit inutile de l'être.

Voilà, je pense, à peu près ce qu'auroit pu dire cet homme, si les Epho-
res l'eussent laissé achever.

Ce n'est pas dans cet endroit seulement qu'on nous avertit que la vertu
n'est bonne qu'à faire parler de soi.
Ailleurs on nous vante encore les
pensées du Philosophe, parce qu'elles
sont immortelles & consacrées à l'admiration de tous les siécles ; *tandis*
que les autres voyent disparoître leurs
idées avec le jour, la circonstance, le
moment qui les a vu naître. Chez les
trois quarts des hommes, le lendemain
efface la veille, sans qu'il en reste la moin-
dre trace. Ah! il en reste au moins
quelqu'une dans le témoignage
d'une bonne conscience, dans les
malheureux qu'on a soulagés, dans
les bonnes actions qu'on a faites, &

dans la mémoire de ce Dieu bien-
faifant qu'on aura fervi en filence.
Mort ou vivant, difoit le bon Socrate,
*l'homme de bien n'eſt jamais oublié des
Dieux.* On me répondra, peut être,
que ce n'eſt pas de ces fortes de penfées qu'on a voulu parler; & moi je
dis, que toutes les autres ne valent
pas la peine qu'on en parle.

Il eſt aifé de s'imaginer que faifant
fi peu de cas de Sparte, on ne montre
guéres plus d'eſtime pour les anciens
Romains. *On confent à croire que
c'étuient de grands hommes, quoiqu'ils ne
fiſſent que de petites chofes.* Sur ce pied-
là j'avoue qu'il y a long-tems qu'on
n'en fait plus que de grandes. On reproche à leur tempérance & à leur
courage de n'avoir pas été de vraies
vertus, mais des qualités forcées *:

* Je vois la plûpart des efprits de mon tems faire
les ingénieux à obfcurcir la gloire des belles & gé-
néreufes actions anciennes, leur donnant quelque

cependant quelques pages après, on avoue que Fabricius méprifoit l'or de Pyrrhus, & l'on ne peut ignorer que l'hiſtoire Romaine eſt pleine d'exemples de la facilité qu'euſſent eue à s'enrichir ces Magiſtrats, ces guerriers vénérables qui faiſoient tant de cas de leur pauvreté. * Quant au coura-

interprétation vile, & leur controuvant des occaſions & des cauſes vaines. Grande ſubtilité ! Qu'on me donne l'action la plus excellente & pure, je m'en vais y fournir vraiſemblablement cinquante vitieuſes intentions. Dieu ſçait, à qui les veut étendre, quelle diverſité d'images ne ſouffre notre interne volonté. Ils ne font pas tant malitieuſement que lourdement & groſſiérement les ingénieux avec leur médiſance. Là même peine qu'on prend à détracter ces grands noms, & la même licence, je la prendrois volontiers à leur donner un tour d'épaule pour les hauſſer. Ces rares figures & triées pour l'exemple du monde par le conſentement des ſages, je ne me feindrois pas de les recharger d'honneur, autant que mon invention pourroit, en interprétation & favorables circonſtances. Et il faut croire que les efforts de notre invention ſont bien au-deſſous de leur mérite. C'eſt l'office de gens de bien de peindre la vertu la plus belle qu'il ſe puiſſe. Et ne meſſieroit pas quand la paſſion nous transporteroit à la faveur de ſi ſaintes formes. Ce n'eſt pas Rouſſeau qui dit tou t cela, c'eſt Montagne.

* Curius refuſant les préſens des Samnites, diſo

ge, ne fçait on pas que la lâcheté ne
fçauroit entendre raifon? & qu'un pol-
tron ne laiffe pas de fuir, quoique fûr
d'être tué en fuyant? *C'eſt, dit-on, vouloir contraindre un homme fort & robuſte
à bégayer dans un berceau, que de vouloir
rappeller les grands Etats aux petites vertus des petites Républiques.* Voilà une
phrafe qui ne doit pas être nouvelle
dans les Cours. Elle eut été très-digne
de Tibére ou de Cathérine de Medi-
cis, & je ne doute pas que l'un & l'autre n'en ayent fouvent employé de
femblables.

Il feroit difficile d'imaginer qu'il
fallût mefurer la morale avec un inftrument d'arpenteur. Cependant on

qu'il aimoit mieux commander à ceux qui avoient
de l'or que d'en avoir lui-même. Curius avoit raifon.
Ceux qui aiment les richeffes font faits pour fervir,
& ceux qui les méprifent pour commander. Ce n'eſt
pas la force de l'or qui affervit les pauvres aux riches,
mais c'eſt qu'ils veulent s'enrichir à leur tour; fans
cela, ils feroient néceffairement les maîtres.

ne fcauroit dire que l'étendue des
Etats foit tout à fait indifférente aux
mœurs des Citoyens. Il y a fûrement
quelque proportion entre ces chofes;
je ne fçais fi cette proportion ne feroit
point inverfe. * Voilà une importante
queftion à méditer; & je crois qu'on
peut bien la regarder encore comme
indécife, malgré le ton plus méprifant
que philofophique avec lequel elle
eft ici tranchée en deux mots.

C'étoit, continue-t'on, *la folie de Caton : Avec l'humeur & les préjugés héréditaires dans fa famille, il déclama toute
fa vie, combatit & mourut fans avoir rien
fait d'utile pour fa patrie.* Je ne fçais s'il
n'a rien fait pour fa Patrie; mais je fçais
qu'il a beaucoup fait pour le genre
humain, en lui donnant le fpectacle &

* La hauteur de mes adverfaires me donneroit à
la fin de l'indifcrétion, fi je continuois à difputer
contre eux. Ils croyent m'en impofer avec leur mépris pour les petits Etats : ne craignent-ils point que
je ne leur demande une fois s'il eft bon qu'il y en ait
de grands ?

le modele de la vertu la plus pure qui
ait jamais exifté : il a appris à ceux qui
aiment fincerement le véritable honneur , à fçavoir réfifter aux vices de
leur fiécle & à détefter cette horrible
maxime dés gens à la mode *qu'il faut
faire comme les autres*; maxime avec laquelle ils iroient loin fans doute , s'ils
avoient le malheur de tomber dans
quelque bande de Cartouchiens. Nos
defcendans apprendront un jour que
dans ce fiécle de fages & de Philofophes , le plus vertueux des hommes a
été tourné en ridicule & traité de fou ,
pour n'avoir pas voulu fouiller fa grande ame des crimes de fes contemporains , pour n'avoir pas voulu être un
fcélérat avec Cefar & les autres bri-
gands de fon tems.

On vient de voir comment nos
Philofophes parlent de Caton. On va
voir comment en parloient les an-

ciens Philoſophes. *Ecce ſpectaculum dignum ad quod reſpiciat, intentus operi ſuo, Deus. Ecce par Deo dignum, vir fortis cùm malâ fortunâ compoſitus. Non video, inquam, quid habeat in terris Jupiter pulchrius, ſi convertere animum velit, quàm ut ſpectet Catonem, jàm partibus non ſemel fractis, nihilominus inter ruinas publicas erectum.*

Voici ce qu'on nous dit ailleurs des premiers Romains. *J'admire les Brutus, les Decius, les Lucréce, les Virginius, les Scevola.* C'eſt quelque choſe dans le ſiécle où nous ſommes. *Mais j'admirerai encore plus un état puiſſant & bien gouverné.* Un état puiſſant, & bien gouverné! Et moi auſſi, vraiment. *Où les Citoyens ne ſeront point condamnés à des vertus ſi cruelles.* J'entends; il eſt plus commode de vivre dans une conſtitution de choſes où chacun ſoit diſpenſé d'être homme

de bien. Mais si les Citoyens de cet
état qu'on admire, se trouvoient réduits par quelque malheur ou à re-
noncer à la vertu, ou à pratiquer ces
vertus cruelles, & qu'ils eussent la force de faire leur devoir, seroit-ce donc
une raison de les admirer moins ?

Prenons l'exemple qui révolte le
plus notre siécle, & examinons la
conduite de Brutus souverain Ma-
gistrat, faisant mourir ses enfans
qui avoient conspiré contre l'Etat
dans un moment critique où il ne faloit presque rien pour le renverser.
Il est certain que, s'il leur eût fait gra-
ce, son collegue eût infailliblement
sauvé tous les autres complices, &
que la République étoit perduë.
Qu'importe, me dira-t'on ? Puisque
cela est si indifférent, supposons donc
qu'elle eût subsisté, & que Brutus
ayant condamné à mort quelque mal-

faiteur , le coupable lui eût parlé
ainſi : » Conſul , pourquoi me fais-tu
» mourir ? Ai-je fait pis que de trahir
» ma patrie? & ne ſuis-je pas auſſi ton
» enfant ? Je voudrois bien qu'on prît
la peine de me dire ce que Brutus
auroit pu répondre.

Brutus, me dira-t'on encore, devoit
abdiquer le Conſulat , plutôt que de
faire périr ſes enfans. Et moi je dis
que tout Magiſtrat qui , dans une cir-
conſtance auſſi périlleuſe, abandonne
le ſoin de la patrie & abdique la Ma-
giſtrature, eſt un traître qui mérite la
mort.

Il n'y a point de milieu ; il faloit
que Brutus fût un infâme , ou que les
têtes de Titus & de Tiberinus tom-
baſſent par ſon ordre ſous la hache
des Licteurs. Je ne dis pas pour cela
que beaucoup des gens euſſent choiſi
comme lui.

Quoiqu'on ne se décide pas ou-
vertement pour les derniers tems de
Rome, on laisse pourtant assez entendre qu'on les préfére aux premiers;
& l'on a autant de peine à appercevoir
de grands hommes à travers la simpli-
cité de ceux-ci, que j'en ai moi-même à
appercevoir d'honnêtes gens à travers
la pompe des autres. On oppose Titus à Fabricius : mais on a omis cette
différence, qu'au tems de Pyrrhus tous
les Romains étoient des Fabricius,
au lieu que sous le regne de Tite il n'y
avoit que lui seul d'homme de bien. *
J'oublierai, si l'on veut, les actions
héroïques des premiers Romains &

---

* Si Titus n'eut été Empereur, nous n'aurions jamais entendu parler de lui; car il eut continué de
vivre comme les autres : & il ne devint homme de
bien, que quand, cessant de recevoir l'exemple de
son siécle, il lui fut permis d'en donner un meilleur.
*Privatus atque etiàm sub patre principe, ne odio
quidem, nedum vituperatione publicâ caruit. At illi ea
fama pro bono cessit, conversaque est in maximas
laudes.*

les crimes des derniers : mais ce que
ne je ſçaurois oublier, c'eſt que la
vertu étoit honorée des uns & mépri-
ſée des autres ; & que quand il y
avoit des couronnes pour les vain-
queurs des jeux du Cirque, il n'y en
avoit plus pour celui qui ſauvoit la
vie à un Citoyen. Qu'on ne croye pas,
au reſte, que ceci ſoit particulier à
Rome. Il fut un tems où la République d'Athénes étoit aſſez riche pour
dépenſer des ſommes immenſes à ſes
ſpectacles, & pour payer très-che-
rement les Auteurs, les Comediens,
& même les Spectateurs : ce même
tems fut celui où il ne ſe trouva point
d'argent pour défendre l'Etat contre
les entrepriſes de Philippe.

On vient enfin aux peuples moder-
nes ; & je n'ai garde de ſuivre les rai-
ſonnemens qu'on juge à propos de
faire à ce ſujet. Je remarquerai ſeule-

ment que c'eſt un avantage peu hono‑
rable que celui qu'on ſe procure, non
en réfutant les raiſons de ſon adver‑
ſaire, mais en l'empêchant de les dire.

Je ne ſuivrai pas non plus toutes
les réflexions qu'on prend la peine de
faire ſur le luxe, ſur la politeſſe, ſur
l'admirable éducation de nos enfans,*
ſur les meilleures méthodes pour
étendre nos connoiſſances, ſur l'uti‑
lité des Sciences & l'agrément des
beaux Arts, & ſur d'autres points
dont pluſieurs ne me regardent pas,

---

* Il ne faut pas demander ſi les peres & les maîtres
ſeront attentifs à écarter mes dangereux écrits des
yeux de leurs enfans & de leurs éleves. En effet,
quel affreux déſordre, quelle indécence ne ſeroit‑ce
point, ſi ces enfans ſi bien élevés venoient à dédai‑
gner tant de jolies choſes, & à préférer tout de bon
la vertu au ſçavoir? Ceci me rappelle la réponſe
d'un précepteur Lacedémonien, à qui l'on deman‑
doit par moquerie ce qu'il en eigneroit à ſon eleve.
Je lui apprendrai, dit‑il, *à aimer les choſes honnêtes.*
Si je rencontrois un tel homme parmi nous, je lui
dirois à l'oreille, Gardez‑vous bien de parler ainſi;
car jamais vous n'auriez de diſciples; mais dites
que vous leur apprendrez à babiller agréablement,
& je vous réponds de votre fortune.

dont

dont quelques-uns ſe réfutent d'eux-
mêmes, & dont les autres ont déja été
réfutés. Je me contenterai de citer
encore quelques morceaux pris au
hazàrd, & qui me paroîtront avoir beſoin d'éclairciſſement. Il faut bien
que je me borne à des paraphraſes,
dans l'impoſſibilité de ſuivre des rai-
ſonnemens dont je n'ai pu ſaiſir le fil.

On prétend que les Nations ignorantes qui ont eu *des idées de la gloire
& de la vertu, ſont des exceptions ſingulieres qui ne peuvent former aucun préjugé contre les ſciences.* Fort bien ; mais
toutes les Nations ſçavantes, avec
leurs belles idées de gloire & de vertu,
en ont toujours perdu l'amour & la
pratique. Cela eſt ſans exception : paſ-
ſons à la preuve. *Pour nous en convaincre, jettons les yeux ſur l'immenſe continent de l'Afrique, où nul mortel n'eſt
aſſez hardi pour pénétrer, ou aſſez heu-*

H

reux pour l'avoir tenté impunément.
Ainsi de ce que nous n'avons pu pénétrer dans le continent de l'Afrique, de
ce nous ignorons ce qui s'y passe, on
nous fait conclure que les peuples en
sont chargés de vices: c'est si nous
avions trouvé le moyen d'y porter les
nôtres, qu'il faudroit tirer cette conclusion. Si j'étois chef de quelqu'un
des peuples de la Nigritie, je déclare
que je ferois élever sur la frontiére du
pays une potence où je ferois pendre
sans rémission le premier Européen
qui oseroit y pénétrer, & le premier
Citoyen qui tenteroit d'en sortir. *
*L'Amérique ne nous offre pas des specta-
cles moins honteux pour l'espéce humaine.*
Sur tout depuis que les Européens y

---

* On me demandera peut-être quel mal peut faire
à l'état un Citoyen, qui en sort pour n'y plus ren-
trer? Il fait du mal aux autres par le mauvais exemple qu'il donne, il en fait à lui-même par les vices
qu'il va chercher. De toutes maniéres c'est à la loi
de le prevenir, & il vaut encore mieux qu'il soit
pendu que méchant.

font. *On comptera cent peuples barbares ou sauvages dans l'ignorance, pour un seul vertueux.* Soit ; on en comptera du moins un : mais de peuple vertueux & cultivant les sciences, on n'en a jamais vu. *La terre abandonnée sans culture n'est point oisive; elle produit des poisons, elle nourrit des monstres.* Voilà ce qu'elle commence à faire dans les lieux où le goût des Arts frivoles a fait abandonner celui de l'agriculture. *Notre ame,* peut-on dire aussi, *n'est point oisive quand la vertu l'abandonne. Elle produit des fictions, des Romans, des Satyres, des Vers ; elle nourrit des vices.*

Si des Barbares ont fait des conquêtes, c'est qu'ils étoient très-injustes. Qu'étions-nous donc, je vous prie, quand nous avons fait cette conquête de l'Amérique qu'on admire si fort ? Mais le moyen que des gens qui ont du canon, des cartes marines & des bous-

H ij

soles, puissent commettre des injusti-
ces! Me dira-t'on que l'événement
marque la valeur des Conquérans? Il
marque seulement leur ruse & leur ha-
bileté; il marque qu'un homme adroit
& subtil peut tenir de son industrie les
succès qu'un brave homme n'attend
que de sa valeur. Parlons sans partiali-
té. Qui jugerons-nous le plus courageux, de l'odieux Cortez subjugant le
Mexique à force de poudre, de perfi-
die & de trahisons; ou de l'infortuné
Guatimozin étendu par d'honnêtes
Européens sur des charbons ardens
pour avoir ses trésors, tançant un de ses
Officiers à qui le même traitement ar-
rachoit quelques plaintes, & lui disant
fiérement, Et moi, suis-je sur des roses?

Dire que les sciences sont nées de
l'oisiveté, c'est abuser visiblement des termes; elles naissent du loisir, mais elles garantissent de l'oisiveté. Je n'entens point

cette diſtinction de l'oiſivété & du
loiſir. Mais je ſçais très-certainement
que nul honnête homme ne peut jamais ſe vanter d'avoir du loiſir, tant
qu'il y aura du bien à faire, une Patrie
à ſervir, des malheureux à ſoulager; &
je défie qu'on me montre dans mes
principes aucun ſens honnête dont ce
mot *loiſir* puiſſe être ſuſceptible. *Le
Citoyen que ſes beſoins attache à la charrue, n'eſt pas plus occupé que le Geomê-
tre ou l'Anatomiſte.* Pas plus que l'enfant qui éleve un château de cartes,
mais plus utilement. *Sous prétexte que
le pain eſt néceſſaire, faut-il que tout le
monde ſe mette à labourer la terre ?*
Pourquoi non ? Qu'ils paiſſent même,
s'il le faut. J'aime encore mieux voir
les hommes brouter l'herbe dans les
champs, que s'entredévorer dans les
villes : Il eſt vrai que tels que je les
demande, ils reſſembleroient beau-

coup à des bêtes ; & que tels qu'ils
font, ils reſſemblent beaucoup à des
hommes.

*L'état d'ignorance eſt un état de
crainte. & de beſoin. Tout eſt danger
alors pour notre fragilité. La mort gronde
ſur nos têtes ; elle eſt cachée dans l'herbe
que nous foulons aux pieds : Lorſqu'on
craint tout & qu'on a beſoin de tout, quelle diſpoſition plus raiſonnable que celle de
vouloir tout connoître?* Il ne faut que
conſidérer les inquiétudes continuel-
les des Médecins & des Anatomiſtes
ſur leur vie & ſur leur ſanté, pour
ſçavoir ſi les connoiſſances ſervent
à nous raſſûrer ſur nos dangers. Comme elles nous en découvrent toujours
beaucoup plus que de moyens de
nous en garantir, ce n'eſt pas une
merveille ſi elles ne font qu'augmen-
ter nos allarmes & nous rendre puſillanimes. Les animaux vivent ſur tout

cela dans une sécurité profonde, & ne s'en trouvent pas plus mal. Une Génisse n'a pas besoin d'étudier la botanique pour apprendre à trier son foin, & le loup dévore sa proie sans songer à l'indigestion. Pour répondre à cela, osera-t'on prendre le parti de de l'instinct contre la raison? C'est précisément ce que je demande.

Il semble, nous dit-on, qu'on ait trop de laboureurs, & qu'on craigne de manquer de Philosophes. Je demanderai à mon tour, si l'on craint que les professions lucratives ne manquent de sujets pour les exercer? C'est bien mal connoître l'empire de la cupidité. Tout nous jette dès notre enfance dans les conditions utiles. Et quels préjugés n'a-t'on pas à vaincre, quel courage ne faut-il pas, pour oser n'être qu'un Descartes, un Newton, un Locke?

Leibnitz & Newton sont morts comblés de biens & d'honneurs, &

ils en méritoient encore davantage.
Dirons-nous que c'eſt par modération
qu'ils ne ſe ſont point élevés juſqu'à la
charrue ? Je connois aſſez l'empire de
la cupidité , pour ſçavoir que tout
nous porte aux profeſſions lucratives ;
voilà pourquoi je dis que tout nous
éloigne des profeſſions utiles. Un
Hebert, un Lafrenaye, un Dulac,
un Martin gagnent plus d'argent en
un jour,que tous les laboureurs d'une
Province ne ſçauroient faire en un
mois. Je pourrois propoſer un problê-
me aſſez ſingulier ſur le paſſage qui
m'occupe actuellement. Ce ſeroit ,
en ôtant les deux premieres lignes &
le liſant iſolé,de deviner s'il eſt tiré de
mes écrits ou de ceux de mes adver-
ſaires.

*Les bons livres ſont la ſeule défenſe
des eſprits foibles , c'eſt-à-dire. des trois
quarts des hommes, contre la contagion*

de l'exemple. Premierement, les Sçavans ne feront jamais autant de bons
livres qu'ils donnent de mauvais
exemples. Secondement, il y aura toûjours plus de mauvais livres que de
bons. En troiſiéme lieu, les meilleurs guides que les honnêtes gens
puiſſent avoir, ſont la raiſon & la
conſcience : *Paucis eſt opus litteris ad
mentem bonam.* Quant à ceux qui ont
l'eſprit louche ou la conſcience en-
durcie, la lecture ne peut jamais
leur être bonne à rien. Enfin, pour
quelque homme que ce ſoit, il n'y a
de livres néceſſaires que ceux de la
Religion, les ſeuls que je n'ai jamais condamnés.

*On prétend nous faire regretter l'é-
ducation des Perſes.* Remarquez que
c'eſt Platon qui prétend cela. J'avois
crû me faire une ſauvegarde de l'au-
torité de ce Philoſophe : mais je vois

que rien ne me peut garantir de l'a-
nimofité de mes adverfaires : *Tros*
Rutulusve fuat ; ils aiment mieux fe
percer l'un l'autre, que de me donner
le moindre quartier , & fe font plus
de mal qu'à moi. * *Cette éducation*
étoit , dit-on , fondée fur des principes
barbares ; parce qu'on donnoit un
maître pour l'exercice de chaque ver-
tu , quoique la vertu foit indivifible ;
parce qu'il s'agit de l'infpirer , & non
de l'enfeigner ; d'en faire aimer la pra-
tique , & non d'en démontrer la Théo-
rie. Que de chofes n'aurois-je point
à répondre ? mais il ne faut pas faire
au Lecteur l'injure de lui tout dire.
Je me contenterai de ces deux re-

* Il me paffe par la tête un nouveau projet de défenfe, & je ne réponds pas que je n'aie encore la foi-
bleffe de l'exécuter quelque jour. Cette défenfe ne
fera compofée que de raifons tirées des Philofophes ;
d'où il s'enfuivra qu'ils ont tous été des bavards
comme je le pretends, fi l'on trouve leurs raifons
mauvaifes ; ou que j'ai caufe gagnée, fi on les trouve bonnes.

marques. La premiére , que celui qui veut élever un enfant , ne commence pas par lui dire qu'il faut pratiquer la vertu ; car il n'en feroit pas entendu : mais il lui enseigne premiérement à être vrai , & puis à être tempérant , & puis courageux , &c. & enfin il lui apprend que la collection des toutes ces choses s'appelle vertu. La seconde, que c'est nous qui nous contentons de démontrer la Théorie ; mais les Perses enseignoient la pratique. Voyez mon discours, page 52.

Tous les reproches qu'on fait à la Philosophie attaquent l'esprit humain. J'en conviens. *Ou plutôt l'auteur de la nature, qui nous a faits tels que nous sommes.* S'il nous a faits Philosophes, à quoi bon nous donner tant de peine pour le devenir ? *Les Philosophes étoient des hommes ; ils se sont trom-*

pés ; doit-on s'en étonner ? C'est quand
ils ne se tromperont plus qu'il fau-
dra s'en étonner. *Plaignons-les, profi-*
tons de leurs fautes, & corrigeons-nous.
Oui, corrigeons-nous, & ne philo-
sophons plus.... *Mille routes condui-*
sent à l'erreur, une seule méne à la
vérité? Voilà précisément ce que je
disois. *Faut-il être surpris qu'on se soit*
mépris si souvent sur celle-ci, & qu'elle
ait été découverte si tard? Ah! nous
l'avons donc trouvée à la fin !

On nous oppose un jugement de So-
crate, qui porta, non sur les Sçavans,
mais sur les Sophistes, non sur les scien-
ces, mais sur l'abus qu'on en peut fai-
re. Que peut demander de plus celui qui soutient que toutes nos sciences ne sont qu'abus & tous nos Sçavans que de vrais Sophistes ? *Socrate*
étoit chef d'une secte qui enseignoit à
douter. Je rabbatrois bien de ma vé-

nération pour Socrate, ſi je croyois
qu'il eût eu la ſotte vanité de vouloir être chef de ſecte. *Et il cenſuroit*
avec juſtice l'orgueil de ceux qui pré-
tendoient tout ſçavoir. C'eſt-à-dire l'orgueil de tous les Sçavans. *La vraie*
cience eſt bien éloignée de cette affecta-
tion. Il eſt vrai : Mais c'eſt de la nôtre que je parle. *Socrate eſt ici témoin*
contre lui-même. Ceci me paroît difficile à entendre. *Le plus ſçavant des*
Grecs ne rougiſſoit point de ſon igno-
rance. Le plus ſçavant des Grecs ne
ſçavoit rien, de ſon propre aveu ; ti-
rez la concluſion pour les autres.
Les ſciences n'ont donc pas leurs ſources
dans nos vices. Nos ſciences ont
donc leurs ſources dans nos vices.
Elles ne ſont donc pas toutes nées de
l'orgueil humain. J'ai déja dit mon ſentiment là-deſſus. *Déclamation vaine,*
qui ne peut faire illuſion qu'à des eſprits

prevenus. Je ne fçais point répondre
à cela.

En parlant des bornes du luxe, on
prétend qu'il ne faut pas raifonner fur
cette matiére du paffé au préfent.
Lorfque les hommes marchoient tout
nuds, celui qui s'avifa le premier de
porter des fabots, paffa pour un volup-
tueux ; de fiécle en fiécle, on n'a ceffé
de crier à la corruption, fans compren-
dre ce qu'on vouloit dire.

Il eft vrai que jufqu'à ce tems, le
luxe, quoique fouvent en regne,
avoit du moins été regardé dans tous
les âges comme la fource funefte
d'une infinité de maux. Il étoit ré-
fervé à M. Melon de publier le premier cette doctrine empoifonnée,
dont la nouveauté lui a acquis plus
de fectateurs que la folidité de fes
raifons. Je ne crains point de combattre feul dans mon fiécle ces ma-

ximes odieuſes qui ne tendent qu'à
détruire & avilir la vertu, & à faire
des riches & des miſérables, c'eſt-à-
dire toûjours des méchans.

On croit m'embarraſſer beaucoup
en me demandant à quel point il faut
borner le luxe? Mon ſentiment eſt
qu'il n'en faut point du tout. Tout
eſt ſource de mal au-delà du néceſſaire phyſique. La nature ne nous
donne que trop de beſoins; & c'eſt
au moins une très-haute imprudence
de les multiplier ſans néceſſité, & de
mettre ainſi ſon ame dans une plus
grande dépendance. Ce n'eſt pas ſans
raiſon que Socrate, regardant l'éta-
lage d'une boutique, ſe félicitoit de
n'avoir à faire de rien de tout cela.
Il y a cent à parier contre un, que
le premier qui porta des ſabots étoit
un homme puniſſable, à moins qu'il
n'eût mal aux pieds. Quant à nous,

nous fommes trop obligés d'avoir des fouliers, pour n'être pas difpenfés d'avoir de la vertu.

J'ai déja dit ailleurs que je ne propofois point de bouleverfer la fociété actuelle, de brûler les Bibliothéques & tous les livres, de détruire les Colléges & les Académies : & je dois ajoûter ici que je ne propofe point non plus de réduire les hommes à fe contenter du fimple nécef-faire. Je fens bien, qu'il ne faut pas former le chimérique projet d'en faire d'honnêtes gens : mais je me fuis crû obligé de dire fans déguifement la vérité qu'on m'a demandée. J'ai vû le mal & tâché d'en trouver les caufes : D'autres plus hardis ou plus infenfés pourront chercher le reméde.

Je me laffe & je pofe la plume pour ne la plus reprendre dans cette

te trop longue difpute. J'apprends
qu'un très grand nombre d'Auteurs *
fe font exercés à me refuter. Je fuis
très fâché de ne pouvoir répondre à
tous; mais je crois avoir montré, par
ceux que jai choifis † pour cela, que
ce n'eft pas la crainte qui me retient
à l'égard des autres.

J'ai tâché d'élever un monument
qui ne dût point à l'Art fa force & fa
folidité : la vérité feule, à qui je l'ai

---

* Il n'y a pas jufqu'à de petites feuilles critiques
faites pour l'amufement des jeunes gens, où l'on ne
m'ait fait l'honneur de fe fouvenir de moi Je ne les
ai point lues & ne les lirai point très-affurément ;
mais rien ne m'empêche d'en faire le cas qu'elles
méritent , & je ne doute point que tout cela ne foit
fort plaifant.

† On m'affure que M. Gautier m'a fait l'honneur
de me répliquer, quoique je ne lui euffe point répondu & que j'euffe meme expofé mes raifons pour n'en
rien faire. Apparemment que M. Gautier ne trouve
pas ces raifons bonnes puifqu'il prend la peine de
les réfuter Je vois bien qu'il faut céder à M. Gautier ; & je conviens de très-bon cœur du tort que j'ai
eu de ne lui pas répondre ; ainfi nous voilà d'accord.
Mon regret eft de ne pouvoir réparer ma faute. Car
par malheur il n'eft plus tems , & perfonne ne fçauroit de quoi je veux parler.

I

consacré, a droit de le rendre inébran-
lable : Et si je repousse encore une
fois les coups qu'on lui porte, c'est
plus pour m'honorer moi-même en la
défendant, que pour lui prêter un se-
cours dont elle n'a pas besoin.

Qu'il me soit permis de protester
en finissant, que le seul amour de l'humanité & de la vertu m'a fait rompre
le silence ; & que l'amertume de mes
invectives contre les vices dont je
suis le témoin, ne naît que de la
douleur qu'ils m'inspirent, & du de-
sir ardent que j'aurois de voir les
hommes plus heureux, & sur-tout
plus dignes de l'être.

F I N.